Reading
Output English

Oya Tadashi 저

www.langpl.com

Oya Tadashi
동경대학교 대학원 석사과정 수료
요요기제미널 강사, 이탈리아 학자

Output English Reading

초판 인쇄 2005년 9월 7일
초판 발행 2005년 9월 13일
지 은 이 Oya Tadashi
펴 낸 이 엄태상
펴 낸 곳 LanguagePLUS
등록 일자 2000년 8월 17일
등록 번호 제1-2718호
주　　소 서울시 강남구 역삼동 826-28
　　　　 전화 1588-1582 팩스 3671-0500
　　　　 E-mail tltk@chol.com
　　　　 Homepage www.langpl.com

· 이 책의 내용을 사전 허가없이 전재하거나 복제할 경우
  법적인 제재를 받게 됨을 알려 드립니다.
· 잘못된 책은 본사에서 바꿔 드립니다.
· 가격은 뒤표지에 있습니다.

EIGO NO YOMIKATA TRY AGAIN!
by OYA Tadashi
Copyright © 2002 OYA Tadashi
All rights reserved.
Originally published in Japan by GOKAKU SHUNJUSHA, Tokyo.
Korean translation rights arranged with GOKAKU SHUNJUSHA, Japan
through THE SAKAI AGENCY.

머리말

이 책은 원래 고등학생이나 대입 수험생을 대상으로 한 학습 참고서로서 『오야 영어읽기 강의의 실황중계』라는 제목으로 간행된 것이나 이번에 일반인들을 대상으로 형식과 제목을 수정하여 간행하게 되었습니다.

원래 간행된 참고서는 고등학교 1, 2학년이나 영어를 못하는 수험생을 대상으로 쓴 것이었습니다.

이 책의 책장을 넘겨보신 분들 중, 중학교 영어에 대해 안 좋은 기억을 가지고 계신 분은 적으리라 생각되는데요, 고등학교 영어에 대해서는 어떠십니까? 아마도 너무나 세세한 부분까지 다루는 문법규칙을 외워야 했고, 예문에 모르는 단어가 너무 많아서 단어마다 사전을 찾아보고 그래도 무슨 말인지 몰라 그냥 읽어도 이해할 수 없는 문장을 만들어 A whale is no more a fish than a horse is. 「고래가 물고기가 아닌 것은 말이 물고기가 아닌 것과 같다.」와 같은 무슨 말인지 알아듣기 힘든 구문이 나온 적이 있지 않나요?

한 마디로 고등학교 때 배웠던 영어에 대한 좋은 추억을 가지고 있거나 고등학교 영어가 너무나 도움이 되었다고 감사하는 사람은 아마 적지 않을까요?

이러한 현상은 여러분이 고등학생이었을 때부터 전혀 바뀌지 않았으며 지금의 고등학생·수험생들도 여러분이 그랬던 것처럼 똑같은 고민을 하고 있습니다. 그런 분들에게 조금이라도 도움을 주려고 이 책을 쓰게 되었습니다.

그리고 이번에는 예전에 그런 고민을 했었지만 지금은 이미 영어와는 담을 쌓고 지내는, 그러면서도 영어를 잘 하지 못한 채 어른이 된 것에 대해 약간은 후회하고 있는 직장인들을 대상으로 이 책을 다시 펴내자는 제안을 출판사에서 받게 되었습니다.

"다시 시작하는 영어"에 대한 접근법

당신이 영어공부를 다시 시작하고 싶다, 영어를 막힘없이 해석하고 싶다고 생각한다면 제일 먼저 무엇을 하시겠습니까? 단어나 숙어를 많이 외워야 한다고 생각해서 방대한 양의 암기를 시작할까요? 물론 그런 것도 중요합니다. 하지만 사전을 찾아봐도 해석이 안 되는 문장이 있다는 것은 경험으로 알고 계시겠지요? 사전에 버금가는 어휘력을 고생해서 암기했더라도 그것만으로는 영어 해석이 잘 않될 수 있다는 겁니다.

그러면 문법책을 처음부터 독파할까요? 그것도 좋지만 그렇게 해도 영문을 완벽하게 해석할 수는 없을 겁니다. 왜 그럴까요? 문법은 어디까지나 규칙에 불과합니다. 실제 영문은 언제나 그 규칙의 「응용문제」의 형태로 쓰여지기 때문입니다.

한 예를 들어봅시다.

This is the city he lives in.

「이곳은 그가 사는 도시다.」라는 뜻인 것은 물론 아실 겁니다. 이런 문장이라면 아마도 문법책의 관계대명사의 항목에 실려있을 것입니다. 그리고 문법책에는 이런 설명이 나와 있을 거예요. 이 문장은 원래 This is city.라는 문장과 He lives in the city.라는 문장이 합쳐져서 만들어진 것이라고요. 그리고 합쳐질 때 the city가 which라는 관계대명사로 대치되었는데 그게 생략된 거라고 말입니다.

설명을 읽으면 일단 이해는 됩니다. 그것은 어디까지나 기본 「규칙」입니다. 실제 문장에서는 그 「규칙」이 조금 더 응용된 형태로 나타납니다. 예를 들면 다음과 같습니다.

I will keep the story you have just talked to me about secret.

앞의 예로 들었던 문장과 마찬가지로 같은 「규칙」을 사용한 문장인데요, 그 점 아시겠습니까(본문 p.41참조)? 물론 같은 「규칙」만을 사용해서 더 복잡한 문장도 얼마든지 만들 수 있습니다.

복잡한 문장도 기본 「규칙」의 응용

수험생들도, 직장인 여러분도 오해하기 쉬운 부분인데요, 얼핏보기에 어려워 보이는 문장도 다른 어려운 「규칙」을 사용해서 쓴 것은 아닙니다. 요즘 TV, 영화에서 사극을 많이 볼 수 있는데 거기서 나오는 사극 특유의 말투가 유행어가 되기도 합니다. 사극에서 나오는 말들이 관심도 끌고 유행어가 되는 것은 지금은 쓰지 않는 독특한 규칙을 사용한 말이기 때문이에요.

이와 마찬가지로 영어도 「규칙」이라는 면에서는 독자 여러분의 기억의 저편에 희미하게 남아 있는 중학교 시절에 배웠던 영어 지식만 있으면 충분합니다.

하지만 그 「규칙」만으로 실제로 원어민들이 쓰는 영어문장이 독해가 안 되는 것은 왜일까요? 말씀드렸다시피 우리가 간단한 규칙을 충분히 활용해서 말하고자 하는 바를 우리말로 나타내듯이 우리가 독해하고자 하는 영어 문장도, 그 문장을 쓴 사람은 성장한 어른이기 때문에 간단한 규칙을 복잡하게 응용하면서 영어문장을 쓰기 때문이며 또한 그런 문장을 우리가 보게 되기 때문입니다.

이 책은 원래가 고등학생을 대상으로 한 것이기 때문에 부드러운 말투가 많이 나옵니다. 그리고 모든 섹션이 우선 당연한 「규칙」을 확인하는 데서 시작했습니다. 너무 쉽다고 생각하실지도 모르겠습니다. 하지만 그 「규칙」이 실제로 어떻게 응용되는가의 이야기로 금세 넘어가는데 이 부분은 성인 독자분들께서도 의외로 어려운 내용일 수도 있습니다. 그러나 퍼즐을 하나하나 맞춰가는 기분으로 편하게 읽어주십시오. 그러다 보면 영어문장을 성립케 하는 「논리」와 같은 것이 자연히 터득될 수 있을 것입니다. 그렇게 되면 「퍼즐을 맞추듯」 생각하지 않아도 자연스럽게 막힘없이 문장을 읽어나갈 수 있게 될 것입니다.

지금까지의 영어교육(학교든 학원이든)은 「이 꽃은 빨갛다」「그는 야구를 좋아한다」와 같은 간단한 영어문장을 가르치더니 갑자기 「주상전하께 아뢰었거늘...」과 같은 말투를 몇 십 개나 주입식으로 외우게 하는 것이나 같다고 할 수 있습니다. 그래서 쉬운 문장과 어려운 문장의 사이가 그대로 비어있는 상태인 것입니다. 전자를 아무리 잘 이해했다고 하더라도 문장 독해는 되지 않고 후자에 아무리 정진하더라도 실제로 그런 문장은 거의 찾아볼 수 없고... 그렇겠지요?

이 책의 목적은 그 양자 사이의 텅빈 공간을 메우는 것입니다. 그 점은 아마도 앞부분에서 자연스럽게 이해가 될 겁니다.

독해와 영작은 자동차의 두 바퀴와 같다

이 책을 읽음으로써 독자여러분이 고등학교 때의 안 좋은 추억을 잊어버리고 각각 원하는 분야의 영어문장에 부담없이 접하실 수 있게 되기를 간절히 바랍니다.

그리고 학생들에게 늘 이야기하는 건데요, 언어를 읽는 것과 쓰는 것은 자동차의 두 바퀴와 같은 것입니다. 영어를 독해하는 것 뿐만 아니라 자신이 영작함으로써 영어의 구조를 더욱 이해하게 되고 자신의 것으로 만들 수 있습니다.

누가 한 말인지는 잊어버렸지만 「어떤 이론을 이해했다고 생각하는 것만으로는 부족하다. 그 이론을 자신이 발명한 것처럼 착각할 정도가 되어야 비로소 정말로 그 이론을 이해했다고 말할 수 있는 것이다.」라는 말이 있습니다.

영어공부에서는 완성된 영작을 읽고 「그래, 이런 말이구나!」라고 이해하는 것만으로는 모자란단 말입니다. 같은 말을 스스로도 영어로 말할 수 있지 않으면 정말 이해했다고 할 수는 없는 겁니다. 그런 뜻에서 이 책과 같은 시리즈로 나왔던 「Output English Writing」도 아울러 읽어주실 것을 권해드리는 바입니다.

오야 타다시

강의내용

강의를 시작함에 앞서　9

PART 1　삽입 읽기

제1회　관계대명사(1) – 문장의 가장 중요한 흐름을 잡자! _____ 12
제2회　관계대명사(2) – 괄호를 붙여서「화살표 작전」_____ 19
제3회　관계대명사(3) – 괄호 안을 정확하게 파악하자 _____ 29
제4회　관계대명사(4) – 생략된 것을 알면 관계사도 졸업이다! _____ 41
제5회　분사 – 과거형과 과거분사를 구별하자 _____ 48
제6회　부사구·형용사구 – 학교에서는 가르쳐주지 않는 맹점 _____ 56

PART 2　묶음 읽기

제7회　명사절이란 무엇인가? – 명사만이 명사가 아니다! _____ 65
제8회　명사절과 부사절 – 1인 2역의 접속사를 주의하자 _____ 76
제9회　what에 대하여(1) – 또 하나의 관계대명사 _____ 82
제10회　what에 대하여(2) – what을 사용한 관용표현을 배우자 _____ 90

PART 3　나열된 문구 읽기

제11회　병렬 – 의외로 중요한 접속사의 역할 _____ 100
제12회　동격 – 동등의 관계를 파악하기 _____ 109

PART 4　복잡한 문구 읽기

제13회　명사+that절 – 관계사인가 접속사인가 _____ 113
제14회　관계부사 where – "where=「어디」"는 통하지 않는다 _____ 122

제15회 관계부사 when – when에도 세 가지가 있다! _____ 132
제16회 관계부사 why와 how – 나머지 두 개의 관계부사도 익혀두자 ___ 138

PART 5   추가정보 읽기

제17회 5형식 문장(1) – 두 개의 주어·술어가 조합된 문장 _____ 144
제18회 5형식 문장(2) – 사역동사와 지각동사 _____ 157
제19회 5형식 문장(3) – "주'+술'"에도 수동태가 있다! _____ 163
제20회 so that구문·such that구문 – that절의 또 하나의 역할 _____ 170
제21회 또 하나의 so that구문 – so가 두 개 있으니 that도 두 개다! ___ 179
제22회 동등비교 – "as ... as"로 부르면 안 된다! _____ 185
제23회 비교급 – 동등비교를 알면 비교급도 보인다 _____ 194
제24회 최상급의 대체표현 – 가장 중요한 단어가 안 쓰여있다! _____ 199

PART 6   숙어 읽기

제25회 군접속사란? – 접속사에도 여러 기지가 있다! _____ 204
제26회 군전치사 – 전치사에도 여러 가지가 있다! _____ 213
제27회 동사구를 만드는 숙어
– "동사와 그 동사를 수식하는 전치사가 떨어져 있는 숙어"에 주의하자 __ 221

PART 7   추가정보 읽기(상급편)

제28회 계속적 용법의 관계사(1) – 관계사에 콤마가 붙어있을 때 _____ 233
제29회 계속적 용법의 관계사(2) – 앞 문장의 내용도 받는 ", which" ___ 240
제30회 분사구문(1) – 분사에도 계속적 용법이 있다 _____ 245
제31회 분사구문(2) – 과거분사의 분사구문 _____ 253

연습문제 PART 01~07 해답·해설편 _____ 261

강의를 시작함에 앞서

— 영어문장 공략의 지침

여러분 안녕하세요? 오늘부터 함께 독해의 기본을 공부하도록 합시다.

저는 「오야」라고 합니다. 잠깐 저에 대한 소개를 하자면 지금은 이렇게 여러분에게 영어를 가르치지만 고등학교 때는 정말 영어를 못했어요. 문법도 독해도 3년간 계속 낙제 점수만 받아서 정말 유급될 위기에 있었는데 선생님께서 「쟤 유급시키면 아래 학년 학생들에게 악영향을 미친다」고 하셔서 어떻게 졸업은 하게 되었어요.

그러다 고3이 되어 대입 공부를 해야겠는데 어느 대학이든 영어시험 안 보는 데는 없잖아요. 영어공부를 시작해야겠다 마음먹었지요. 그런데 무엇을 어떻게 해야 좋을지 전혀 모르겠더라고요.

그래서 여러 가지 조사를 해봤더니 대학에 따라서는 영어 대신에 독어나 불어로 시험을 칠 수 있는 곳도 있다는 걸 알고 그 길로 서점에 가서 독어입문서를 사서 독학으로 공부를 시작했지요.

어디 가서 이런 이야기를 하면 대개는 「고등학교 때 독어를 했다니 대단하네!」라는 말을 듣는데 사실은 대단한 거 하나도 없어요. 단지 영어를 너무 못하니까 영어는 보기도 싫었을 뿐이거든요. 그렇다고 여러분이 저처럼 영어를 포기하기를 원하는 건 아니예요. 독어공부 또한 힘들었습니다. 완전히 초보, ABC부터 시작해야 했는데 그냥 영어공부하는 것이 더 편했을 거예요.

고등학교 들어가서 어려워지는 영어

그럼 중학교 때부터 영어를 못했냐면 그렇지도 않았어요. 별로 공부를 안 해서 아주 잘 하지는 못했지만 선생님이 설명하시는 to부정사나 관계사와 같은 문법은 대충 이해할 수 있었고 단어 외우는 것도 그렇게 힘들지 않았어요.

그런데 고등학교에 들어가니 도무지 무슨 말인지 알아들을 수가 없는 거예요. 명사절이니 부사구니 그런 말이 나오면서부터는 그만 모르겠더군요. 독해수업에서도 모르는 단어가 갑자기 많이 나오기 시작해 사전을 찾잖아요? 그런데 사전을 찾아도 한 단어에 의미가 여러 가지라 도대체 어떤 뜻으로 쓰였는지 몰라서 헤매기도 했어요.

어쩔 수 없이 교과서의 모르는 단어에 이 단어는 명사일 때는 이 뜻, 동사로는 저 뜻이라고 하며 뜻을 적어갔는데 모르는 단어가 너무 많으니까 그 작업하다보니 점점 울고 싶어지더라고요.

중학교 때 교과서에 나오는 문장은 모르는 단어가 있더라도 사전 찾아봐서 단어의 뜻을 적당히 이어가면 문장의 의미를 대충은 알겠던데 고등학생이 되니까 사전을 찾아도 문장 해석이 잘 안 되는 거예요. 왜 그런지 고민을 많이 했지요.

여러분 중에도 저와 비슷한 경험을 한 사람이 많지요? 어느새 영어를 싫어하게 되고 교과서 정도면 어떻게 하겠는데 학교에서 보는 학원의 모의시험에 나오는 문장은 손도 못 대겠다는 사람이 있을 거예요. 우리말로 해석해 보려고 하는데 자신이 쓴 번역을 읽어보면「도대체 이 우리말은..?」이라고 생각하는 사람 그리고 영어를 잘 하고 싶은데 어떻게 하면 잘 할 수 있는지 그 길이 안 보인다는 사람이 있을 거예요.

이 책은 그런 사람들을 도와주는 것이 목적입니다.

누구나 영어를 잘 하게 된다!

여러분 모두 불안한 얼굴이네요. 정말 영어를 잘 할 수 있게 될까 믿어지지 않는 건가요?

괜찮아요. 여러분은 우리말을 수준급으로 구사하잖아요? 우리말 하는 것은 전혀 어렵지 않지요? 영어도 전혀 어렵지 않아요. 미국에서는 아기들도 영어를 하는 데요 뭘.

영어를 독해하는 데 있어 어려운 문법적 지식은 전혀 필요가 없습니다. 여러분이 아는 중학교 정도의 지식만 있으면 충분합니다.

그럼 왜 지금까지 영어를 잘 못했을까요? 그것은 예를 들어,

「나는 수영했다」 ➡ I swam.

우리말로도 영어로도 무척 단순한 문장이지요? 하지만 우리말로「나는 수영했다」라면 문법적으로는 맞는 문장이지만 보통 이렇게 단순하게 말하지는 않잖아요? 좀 더 여러 정보를 추가해서,「나는 어제 오후에 너무나 날씨가 좋아서 친구들을 불

러 바다에서 3시간 수영했다.」처럼 의미를 부풀리면서 말하겠지요.

　모국어는 「나는 ..... 수영했다」라는 문장 가운데에 여러 가지가 끼어있어도 「이 사람이 결국은 수영했다고 말하는구나」라는 것을 무의식적으로 알 수 있잖아요.

　그런데 외국어인 영어는 그렇게 되기가 쉽지 않지요. 중간에 숨이 차서 이상한 곳에서 문장을 끊어버려요.

　「나는 어제 오후 너무나 날씨가 좋았다」......어머나! 「나는 날씨가 좋았다」니 이 사람은 날씨야?

　여러 가지 「덤」이 문장에 붙어있으면 그게 방해가 되어서 「나는......수영했다」라는 가장 중요한 의미가 가려지게 되지요.

　무슨 말인지 알겠습니까? 다음 회부터 구체적으로 수업을 하다보면 방금 한 이야기를 더 잘 이해할 수 있게 될 거예요.

원리를 이해하면 다음은 연습!

　다만 한 가지 여러분이 저와 약속해 주셔야겠습니다. 저는 이 수업의 텍스트를 수학의 계산 문제집처럼 꾸미고 싶어서 그렇게 편집했습니다. 여러분은 초등학교 때 덧셈이나 곱셈을 배워서 선생님이 내주신 숙제도 엄청 많이 풀고 그렇게 꾸준히 하다보니 자연히 덧셈이나 곱셈을 할 수 있게 된 거잖아요? 설마 덧셈도 못하는 사람은 없겠지요?

　영어도 마찬가지입니다. 영어실력을 확실하게 키워 나가기 위해서는 원리를 이해하고 「그렇구나」라고 생각하는 것만으로는 되지 않습니다. 실제로 스스로 써 보고 해야 비로소 터득할 수 있게 되는 겁니다. 그러기 위해 매회 연습문제를 준비했습니다. 설명을 듣고 이해했다면 반드시 이 연습문제를 풀어보기 바랍니다! 모두 간단한 한 줄짜리 독해문제예요. 여러분이 괴롭지 않게 말입니다. 단어는 쉬운 걸 골랐어요. 어려운 말에는 주석도 있어요. 그래도 독해가 어려운 문제도 있습니다.

　여러분이 설명을 제대로 이해하고 실제로 영어문장을 스스로 해석해 감으로써 여러분의 영어실력이 팍! 팍! 늘기를 바랍니다. 건투를 빌게요!

　그럼 이제 수업을 시작하겠습니다!

PART 01 삽입 읽기

제1회 | 관계대명사(1)
문장의 가장 중요한 흐름을 잡자!

주제문 ▶ She asked the man who was standing nearby to help her.

잘못된 해석 ▶ 그녀는 그녀를 돕기 위해 곁에 서있던 남자에게 물었다.

삽입을 파악하는 연습

그럼 첫 회 수업을 시작하겠습니다. 처음 얼마동안은 삽입을 정확하게 파악한다는 주제에 따라 공부할 것입니다.

「삽입을 이해하다」라는 건 무슨 뜻인지 알겠습니까? 다음 문장으로 예를 들어 생각해 볼까요?

「나는 어제 전부터 갖고 싶었던 인형을 샀다.」

이런 문장을 생각해 봅시다. 물론 우리말이니까 뜻은 금방 알겠지요? 하지만 여기서는 잠시 외국인이 된 것처럼 생각해 봅시다. 저는 베네수엘라에서 온 곤잘레스, 당신은 러시아인의 스와로브스키군. 아니 뭐 이렇게까지 안 해도 되지만.

이런 문장도 아마 외국인들에게는 어려운 우리말이 될 수도 있겠지요. 「나는」이 주어고, 「(신발을) 샀다」가 술어예요. 주어와 술어는 문장의 가장 중요한 부분이지요. 우리말의 경우 이와 같은 가장 중요한 부분이 문장의 처음과 마지막

부분으로 서로 떨어져 있습니다. 그래서 그 사이에 「어제」라든지 「전부터 갖고 싶었던」이라는 「삽입구」(또는 수식어라 해도 좋고)가 여러 가지로 끼어들고 있는 것입니다.

그림으로 나타내면 이렇게 되겠지요.

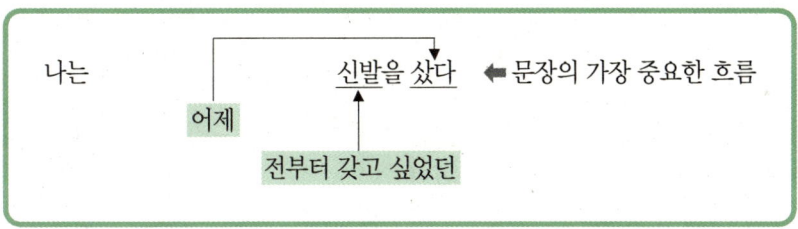

그림으로 보니 꽤 복잡하지요? 그러니 외국인인 곤잘레스에게는 상당히 어려운 한국말인 거예요. 더 복잡한 문장도 얼마든지 만들 수 있어요.

문장의 가장 단순한 흐름을 잡자

중요!

우리말이나 영어나 마찬가지지만 문장에는 가장 단순한 흐름이 있습니다. 위의 예에서 말씀드리면 「나는 신발을 샀다」와 같은 것이 됩니다. 그건 영어로 말할 것 같으면 중학교 2학년 정도의 지식만 있으면 충분히 해석할 수 있는 문장입니다. 하지만 문제는 좀 어려운 문장이 되면 그 문장에다가 또 다른 「덤」이 여러 가지가 붙어서 가장 중요한 흐름을 놓치기 쉽다는 겁니다.

중학교 때까지는 영어를 그럭저럭 잘 했는데 고등학교 들어갔더니 성적이 떨어졌다는 사람이 많은데 그런 사람들은 대부분이 이 「덤」 때문에 헷갈리게 되는 경우입니다.

그렇기 때문에 고등학교 들어가서도 영어를 계속 잘 하고 대학입시 문제에 나오는 수준의 영어도 술술 해석이 되고 나아가서는 영어로 된 책을 막힘없이 독해할 수 있게 되려면 이 「덤」부분이 아무리 길고 복잡하더라도 제쳐두고 문장에서 가장 중요하면서 단순한 흐름을 정확하게 파악하는 것이 중요합니다.
「덤」부분을 그냥 「덤」이라고 불러도 되지만 좀 폼이 안 나니까 「문장의 가장 중요한 흐름을 방해하는 것」이란 의미를 담아 「삽입」이라 부르기로 하지요.
이 삽입을 몇 가지 패턴으로 나누어서 공부하도록 하자는 것이 PART I의 과제이며 이번에는 첫 회로 관계대명사를 한 번 생각해 보기로 합시다.

「삽입」의 패턴 하나 : 관계대명사

자, 그럼 본론으로 돌아갑시다. 다시 한 번 주제문을 살펴보면, 다음의 방법으로 읽는 건 잘못된 방법이에요.

She asked the man / who was standing nearby to help her.
↑
여기서 끊어줌

무슨 말이냐면, She asked the man이라 써 있네, ... ask가 「묻다」였나 「부탁하다」였나?... 에라 모르겠다,... 「그녀는 남자에게 묻다? 아니면 부탁했다?」가 되겠구나! 어? 그 뒤에 who가 있네, 이게 관계사라지, 「~한 남자」라는 식으로 who의 뒤부터 the man까지 해석하면 되는구나..... 그렇다면 who was standing nearby to help her라고 되어 있으니까 「그녀를 돕기 위해 가까이 서 있다」라는 뜻이 되겠구나라고 이해하게 되는 것이지요.
하지만 이런 식으로 읽으면 안 됩니다. 마음대로 관계사에서 문장을 끊어읽고 나머지를 적당히 이어주는 듯한 이런 방식 말이에요.
왜냐하면 좀 전에 우리말로 생각해 봤지요? 우리말로라도 문장의 가장 중요한 흐름이 반드시 서로 붙어있는 것은 아니었지요. 「나는」과 「신발을 샀다」가 문장의 처음과 끝부분이 떨어져 있습니다. 「나는 어제 전부터 갖고 싶었던 신발을 샀다」라는 우리말 문장을 마음대로 「나는 어제 전부터 갖고 싶었다」와 「신발을 샀다」로 나누면 각각 의미가 통할까요? 안 통하지요? 영어도 마찬가지입니다.

관계사는 중학교 때 배웠을 텐데, 예를 들면,

- The man who is standing over there is Michael.

이라는 문장은 사실은 The man is Michael.이라는 것이 문장의 가장 중요한 흐름이며 the man을 설명하기 위한 who is standing over there가 「선행사」라 불리는 the man의 바로 뒤로 비집고 들어간 거예요.

그림으로 나타내면,

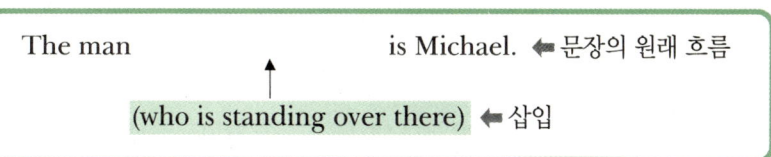

이런 식이 되는 것이지요? 관계사란 수식하고 싶은 단어의 바로 뒤에 넣어주는 것이 원칙이니 (이 경우는 「저기 서있다」는 것을 「남자」의 바로 뒤에 둔다) 아무래도 이런 식으로 삽입구가 됩니다. 그 부분에 괄호를 붙여 둘러 줍니다. 그리고 그 괄호 안은 우선 생략하고 문장의 원래 흐름을 정확하게 파악합니다. 그것이 중요한 것이지요.

그럼 다시 한 번 첫 문장을 살펴봅시다.

She asked the man who was standing nearby to help her.

자, 그럼 어때요? who에서 시작해서 어디까지를 괄호로 두를 수 있을까요?

🐱　　nearby까지?

그래요! 잘 했어요. 어떻게 알았어요?

🐱　　"ask + 사람 + to부정사" 이니까요.

대단해요! 맞습니다!

문장이 어떻게 이어지는지 예측한다

이제 좀 알겠어요? 중요한 것은 She asked the man까지 읽고 그때 「어? ask가 『부탁하다』라는 뜻하고 『묻다』라는 두 개의 뜻이 있는 거지!」라고만 생각하는 게 아니라 잠시라도 의아하게 생각해야 하는 것입니다. 다시 말해 만약 「묻다」의 뜻이라면,

- She asked the man a few questions.

와 같이 the man의 뒤에 a few question 「몇 가지 질문을」이라는 말이 붙어 있지 않으면 이상하지요?

「부탁하다」라는 뜻이라면 방금 학생이 말해준 것처럼,

- She asked the man to show her the way to the station.

과 같이 the man뒤에 to부정사가 붙어야 할 것입니다. 영어를 읽을 때 중요한 것은 이와 같이 뒤에 어떤 식으로 문장이 이어지는지를 항상 예상하는 것입니다. 그리고 그 예상이 빗나갔을 때는 「어? 이상하다!」라고 인식하는 것 또한 중요합니다.

주의!

앞의 문장에서는 She asked the man...까지 읽고는 뭔가 모자라는 느낌이 들지요. 그런데도 거기에 who...라는 삽입구가 이어져요. 그건 이 삽입구가 본래의 흐름을 방해하고 있지만 이 삽입구가 끝난 뒤에 바로 문장이 이어질 것이라고 생각해야 하는 겁니다.

> She asked the man (who was standing nearby) to help her.

뒤에 to부정사가 보이지요? 여기서 「문장 본래의 흐름으로 돌아갔다. 이제 삽입구가 끝났구나.」라고 생각하면 되는 겁니다. 이렇게 되면 「그녀는 그 남자에게 도와달라고 부탁했다」는 문장의 흐름에 「곁에 서 있다」가 삽입되어 전체적으로는 다음과 같이 됩니다.

 ▶ 그녀는 곁에 서 있는 남자에게 도와달라고 부탁했다.

당연하기는 해도 매우 중요한 사항으로, 이런 것을 소홀히 하면 점점 영어 독해가 힘들어집니다.

슬러쉬(/)가 아니라 괄호를 사용하자

다시 정리하면, 관계대명사는 문장을 끊는 데가 아닙니다.

✗ She asked the man / who was standing nearby to help her.
○ She asked the man (who was standing nearby) to help her.

위와 같이 삽입구로 읽어야 합니다. 이 nearby에서 괄호가 닫혀져 또 다시 본래의 진짜 흐름으로 돌아간다는 점이 중요하답니다.

금방 익숙해지겠지만 그때까지는 관계사가 보이면 반드시 괄호로 둘러주고 어디서 「괄호를 닫아야 하는지」 충분히 생각하면서 읽어주었으면 합니다.

자, 그럼 여기까지 이해되었다면 연습문제를 해 봅시다. 꼭 괄호 표시해 주고요. 우리말 해석은 그 다음에 하는 거예요.

연습문제 01

문장의 가장 중요한 흐름을 잡아서 우리말로 해석하시오.

(1) Houses which are built of wood take fire easily.
(2) He put the book which he had in his hand on the desk.
(3) The teacher told the student who was late for the lesson to tell the reason.
(4) She showed the picture which she took in Paris to her friends.

[해답편 p.262]

제2회 관계대명사(2)
괄호를 붙여서「화살표 작전」

주제문	▶ He is the man whom we need to carry out the plan.
잘못된 해석	▶ 그는 우리가 그 계획을 실천할 필요가 있는 남자다.

삽입부분에 괄호를 붙여보자

  자, 관계대명사의 뜻을 정확하게 파악하려면 괄호를 붙이는 것과 또 하나 중요한 게 있습니다. 주제문을 살펴볼까요. 별로 어려운 단어는 없지요? "carry out"은「실천하다」라는 뜻의 숙어입니다. 그럼 앞에서 배운 대로 괄호를 붙여 볼까요? 괄호는 어디서 어디까지 일까요?

 whom에서 시작해서 문장의 마지막까지인가요?

  그렇지요. 이 문장은 He is the man이라는 흐름이 있고 그 마지막 단어 the man의 설명으로서 관계사가 붙은 것이기 때문에 관계사가 삽입으로 끼어 들고 있는 게 아니라 뒤에 붙어있는 형태입니다.

  He is the man (whom we need to carry out the plan).

  그래서 간단한 문장인 것처럼 보입니다. 하지만 주의해야 할 점이 있어요. 관계사의 괄호 안을 볼까요? whom we need to carry out the plan이라고 되어 있지요. 여기서 여러분에게 질문하나 할께요.

- We need to carry out the plan.

위의 문장을 해석하면 어떻게 될까요?

 「우리는 그 계획을 실천할 필요가 있다.」

그렇지요? "need + to부정사"는 「~할 필요가 있다」가 되는 것은 중학생이라도 아는 상식이지요. 따라서 괄호 안은 위의 해석처럼 「우리는 그 계획을 실천할 필요가 있다.」라고 할 수 있을 거예요. 그런데 이 관계사가 the man「남자」를 수식하기 때문에 앞의 「잘못된 해석」과 같이 「우리가 그 계획을 실천할 필요가 있는 남자」(×) 라고 잘못 해석하게 되는 것이지요.

하지만 이 해석을 좀 봐주세요. 「우리가 그 계획을 실천할 필요가 있는 남자」라니 무슨 말인지 알겠어요? 그게 뭐예요? 이상하지요.

그럼 왜 이렇게 이상한 해석이 나왔을까요?

관계대명사는 「대명사」이다

who나 which는 「관계대명사」라고 하는데 이름 그대로 「대명사」입니다. 무슨 말이냐면 예를 들어, 다음 문장을 보세요.

- The book which I read yesterday was interesting.

물론 의미는 알지요? 「어제 내가 읽은 책은 재미있었다」. 괄호를 달면,

The book (which I read yesterday) was interesting.

이렇게 되는데 이 괄호 안의 which I read yesterday라는 부분, 본래는 I read the book yesterday였잖아요? 하지만 명사 the book이 which라는 대명사에 대체되어 앞으로 나온 것이지요.

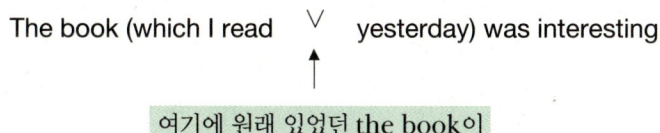

The book (which I read ∨ yesterday) was interesting.

여기에 원래 있었던 the book이 which가 되어 앞으로 나왔다.

한 마디로 말하면 관계사의 괄호 안에는 반드시 선행사와 같은 단어가 원래 있었다라는 것이지요.

하나 더 예를 들까요?

- Thank you for the care which you took of our baby.

이 문장은 어떨까? 괄호를 붙이면 다음과 같이 되지요.

Thank you for the care (which you took of our baby).

문장의 가장 중요한 흐름은 「돌봐 주셔서 감사합니다.」입니다. 그럼 어떻게 돌봐 주었는지 관계사의 괄호 안을 살펴봅시다. which you took of our baby 라고 되어있지요. "take of"가 숙어인가요? 아니오, 숙어는 아니지요. 선행사인 the care가 여기에 들어가는 것이지요.

> Thank you for the care (which you took ∨ of our baby).
>
> 여기에 원래 있었던 care가 which가 되어 앞으로 나갔다.

그렇게 생각하면 "take care of" 「~을 돌보다」라는 여러분이 잘 아는 숙어가 떠오르지요? "take of"라고 두 단어가 바로 이어져 있는 걸로 생각하면 안 됩니다. 그 사이가 조금 벌어져서 care라는 단어가 떠오를 정도는 돼야지요. 영어를 잘 못하는 사람은 원래는 이어지지 않는 단어들을 이어버리고는 고민하는 경우가 많아요. 「"take off"가 뭐야?」라고 하면서 머리 싸매고 있지요.

「화살표 작전」을 실천하자

주의! 그래서 선생님은 「화살표 작전」이라 부르는데, 관계사에는 괄호를 다는 것 뿐만 아니라 「여기에 원래 선행사와 같은 단어가 들어가 있었구나!」라는 점을 의식하기 위해 그 곳에 화살표를 붙이는 방법입니다.

하나만 더 예를 들어 봅시다.

- The dinner which she cooked me was delicious.

어때요? 괄호와 화살표를 표시해 보세요.

> The dinner (which she cooked me ∨) was delicious.

괄호는 제대로 표시할 수 있었나요? 괄호부분을 빼고 읽으면 「그 저녁식사는 맛있었다」가 되지요. 문제없지요? 문제는 화살표에 있어요.

화살표의 위치를 제대로 표시했어요? She cooked me가 「그녀가 나를 요리했다」는 아니겠지요? 식인종도 아닌데. 「그녀가 나에게 요리해 주었다」가 되겠지요? 왜 「를」이 아니라 「에게」인지 알겠어요? 왜냐하면 She cooked stew. 라고 되어 있으면 「그녀는 스튜를 만들었다(요리했다).」가 되니까 She cooked me라면 「나를 요리했다」라고 되는 게 당연한 것 아니겠습니까?

그렇지만 그렇게 안 되는 것은 사실 이 부분은 She cooked me the dinner. 「그녀는 나에게 저녁식사를 만들어 주었다.」가 되어 있는데 그 중 dinner가 which로 바뀌어서 「그녀는 나에게 만들어 주었다」의 부분만 남겨졌기 때문입니다. 즉 화살표를 me의 뒤에 붙여서 「나에게」의 뒤에 원래는 「저녁식사를」이 있었다는 걸 의식해야 된다는 것입니다.

화살표 작전이라는 말의 의미를 이해했습니까? 그럼 주제문으로 돌아가지요.

> He is the man whom we need to carry out the plan.

괄호를 표시하는 것까지 다 됐지요?

- He is the man (whom we need to carry out the plan).

그럼 화살표 작전으로 들어갈게요. 괄호 안은 we need to carry out the plan 「우리는 그 계획을 실천할 필요가 있다」가 되니 문장이 제대로 성립된 것 같지만 사실은 선행사인 the man이 어딘가에 들어가야 하는 것이지요. 어딜까요?

 어!? 저기, need의 뒤요?

딩동댕! 아주 잘 했어요!

> He is the man (whom we need ∨ to carry out the plan).
>   ↑

the man이 어딘가에 들어갈 거라면 여기 밖에 없지요? 그럼 이 괄호 안의 부분을 다시 한 번 살펴 보자구요.

- We need the man to carry out the plan.

해석해 보세요.

「우리는 그 계획을 실천하기 위해 그 남자를 필요로 한다.」

그렇지요? 아까는 the man을 무시해 버렸기 때문에 need to carry out이 되어 있어서, 「그 계획을 실천할 필요가 있다」라고 해 버렸을 거예요. 하지만 사실은 "need+to부정사"의 문장이 아니라 need the man 「그 남자를 필요로 하다」의 뒤에 「~하기 위해」라는 목적을 나타내는 to부정사가 붙어 있을 뿐이랍니다.

「우리는 그 계획을 실천하기 위해 그 남자를 필요로 한다.」에서 「그 남자」의 부분이 관계사로 대체된 것이므로 주제문은 결국,

▶ 그는 우리가 그 계획을 실천하기 위해 필요로 하는 남자다.

라는 뜻이 됩니다.

괄호 안의 원래 문장을 떠올려 보자

알겠습니까? 좀 전에 예를 들었던 「나를 요리하다」가 맞는지 「나에게 요리하다」가 맞는지의 문제, 그리고 이번 문제도 사소하게 보일지 모르지만 사실은 매우 중요하답니다.

그러니까 관계사를 보면 반드시 괄호를 달고 화살표를 표시해서 괄호 안이 원래 어떤 문장이었는지를 떠올려 봅시다.

그럼 마지막으로 진짜 어려운 질문 하나! 다음 문장을 제대로 해석한다면 대단한 거예요.

The book which she said was easy was difficult.

어때요?

 그녀가 말했던 책은 쉬웠지만 어려웠다.

처음부터 차근차근 해 봅시다. 괄호 달기부터하면 괄호는 어디서 어디까지일까요?

which에서 …… 음, said까지 인가요?

땡! 아쉽습니다. 만약 그렇다면 다음과 같이 괄호를 달자는 건데요?

❌ The book (which she said) was easy was difficult.

그럼 먼저 괄호 부분을 빼고 읽어봐요. 문장의 가장 중요한 흐름이 성립되어 있어요? 괄호를 빼면 The book was easy was difficult.가 되는데, 그러면 그야말로 잘못 해석한 대로 「쉬웠지만 어려웠다」가 되겠네요!

다시 한 번 기회를 주지요. 문장 파악에 불필요한 삽입을 괄호로 묶어서 빼 버리고 남은 문장이 제대로 문장으로 성립되게 생각해 보면,

 어! easy까지가 괄호네요!

그래요! 맞습니다.

The book (which she said was easy) was difficult.

이렇게 괄호를 달면 괄호를 뺀 나머지 부분이 「그 책은 어려웠다」의 문장으로 성립되지요? 그럼 이번에는 화살표의 위치를 생각해 봅시다. 화살표는 어디에 표시할까요?

 said와 was 사이요!

맞습니다!
참, which she said was easy라니 조금 이상하게 보이지요? 하지만 was

앞에 화살표가 있다고 가정하고 이것이 원래 she said the book was easy라는 문장이었다고 생각하면 문제는 없습니다. 다음과 같이 되는 것이지요.

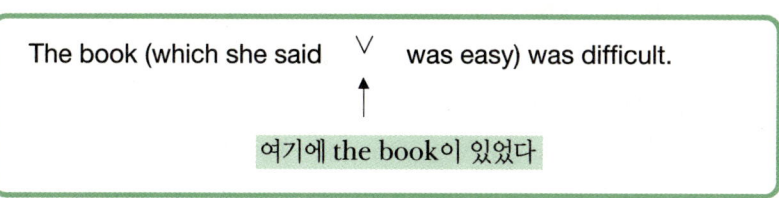

그렇다면 「그 책은 어려웠다」라는 문장의 진짜 흐름에 「그녀는 그 책이 쉽다고 말했다」라는 부분이 삽입되어 있기 때문에 「그녀가 쉽다고 말했던 그 책은 어려웠다.」라고 해석할 수 있는 것이지요.

「괄호 달기」와 「화살표 작전」을 꼭 기억하자!

어땠어요? 어렵다고 할지도 모르지만 중학교 때 배웠던 문법보다 특별히 어려운 건 없지 않나요? 단지 중학교 때 배운 것에 비하면 고등학교 수준, 대입수준의 영문은 훨씬 복잡하게 되기는 하지요. 그렇게 되면 중학교 때처럼 단어의 뜻을 적당히 이어가면 우리말로 의미가 통하는 차원이 아니고 적당히 의미를 끼워 맞추다보면 무슨 말인지 이해도 안 되는 우리말 해석이 나와 버리는 것이지요.

따라서 당분간은, 관계사를 보면 반드시 괄호하고 화살표 작전을 쓰는 것을 잊지 말아야 해요! 그리고 정말 지나치다 싶을 정도로 정확하게 문장이 성립되는지를 생각해 주었으면 좋겠어요.

이해했나요? 그럼 실제로 연습해 보도록 합시다!

연습문제 02

괄호와 화살표를 표시한 후 우리말로 해석하시오.

(1) He is the man whom we elected captain of our team.

(2) The time which it took to do the job was longer than we thought.

(3) The object which I thought was a snake was a stone.

(4) The man who I thought was my teacher was his brother.

[해답편 p.262]

제3회 관계대명사(3)
괄호 안을 정확하게 파악하자

주제문 ▶ He is the man whom we talked about yesterday.
잘못된 해석 ▶ 그는 우리가 어제에 대해 이야기한 사람이다.

전치사가 붙는 관계대명사

여태까지 배운 내용으로 관계대명사 who나 which의 기본적인 독해법은 됐는데 조금 더 익혀둬야 하는 부분이 있어요. 우선 주제문과 잘못된 해석의 예를 보면, 이건 좀 너무 하지요?

「그는 우리가 어제에 대해 이야기한 사람이다」라니 도대체 어떤 사람이지요?

물론 이것은 지금까지 공부한 것을 제대로 소화했던 사람이라면 어디가 잘못했는지 금방 알 수 있을 것입니다.

이 문장을 괄호와 화살표 표시를 해 봅시다.

 다음과 같다면 맞겠지요?

He is the man (whom we talked about ∨ yesterday).

그래요. 맞아요. 잘못된 해석에서 문제는 라는 부분이 이어져 있다고 생각하는 것이지요. 그래서 「어제에 대해 이야기했다」라는 엉터리 해석이 나오는 거예요. 하지만 화살표를 의식하면 원래 이 부분은 talked about (the man) yesterday라고 되어 있었으며 이것은 「어제에 대해 이야기

했다」가 아니라 「그에 대해 어제 이야기했다」가 되는 겁니다. 그래서 이 문장은 사실은, 「그는 우리가 어제 이야기한 사람이다」라고 되는 것이지요.

앞에서 배웠던 화살표 작전의 이야기와 같지 않냐고요? 그렇긴 하지만 전치사의 다음에는 반드시 명사가 온다는 게 영어의 규칙이지요. 그래서 전치사 뒤에 오는 명사가 관계사로 대체될 때는 약간의 문제가 생긴답니다. 그 점을 이번에는 함께 살펴 보도록 해요.

다음 문장을 봐주세요.

- This is the city which he lives. (×)

이 문장은 틀렸어요. 아마도 「이곳은 그가 사는 도시다.」라는 뜻일 텐데 어디가 틀렸을까요?

 in이 없어요!

그렇지요!

This is the city (which he lives ∨).
↑
여기에 the city를 넣고 싶지만 안 들어간다.

이대로 두면 위와 같이 화살표 작전이 성립되지 않지요? He lives the city.는 곤란하지요. 관계사의 괄호 안에 the city라는 단어를 잘 집어 넣으려면 어떻게 하든 in이 필요하게 되지요.

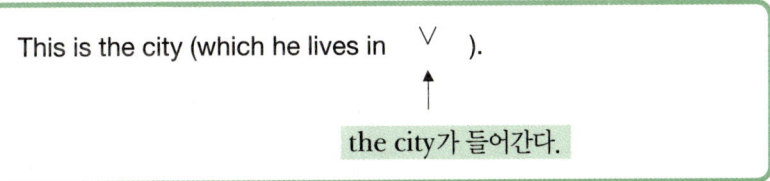

우리말에는 전치사가 없기 때문에 in이 있어도 없는 듯 생각하기 쉽지만 문법상 이때의 in은 절대로 필요합니다. in이라는 전치사 뒤에 오는 the city라는 명사가 which로 바뀌어서 앞으로 나간 것이니까요.

이와 같이 전치사 뒤에 오는 명사가 관계사로 대체되는 경우 두 가지 문제점이 발생합니다.

전치사의 해석에 주의하자

먼저 첫 번째 문제는 우리말로 해석할 때의 문제입니다. 주제문을 다시 보면,

He is the man whom we talked about yesterday.

이미 살펴보았듯이 이 문장의 가장 중요한 흐름은 He is the man. 「그는

그 남자다.」입니다. 그리고 「그 남자」란 어떤 사람이냐 하면,

- We talked about the man yesterday.
  우리는 어제 그 남자에 대해 이야기했다.

라고 되어 있지요. 그래서 이 두 문장이 합쳐져서 우리말로 해석하고자 하면 「그는 우리가 어제 그 사람에 대해 이야기를 했던 그 남자다.」라는 해석이 되는데 빙빙 도는 듯한 느낌이지요?

좀 전에도 이야기했듯이 우리말에는 전치사가 없어요. 그래서 전치사(이 경우에는 talk about의 about)를 「~에 대해」라는 식으로 우리말로 억지로 해석하려고 하면 아무래도 이상해질 때가 많습니다. 그래서 귀찮으니까 전치사를 무시하고 「그는 우리가 어제 이야기를 했던 사람이다.」라고 간단히 해석을 해버리는 것도 하나의 방법입니다. 하지만 그렇게 하면 약간의 문제가 생기게 되지요. 그게 뭐냐면, 주제문의

- He is the man whom we talked about yesterday.

라는 문장과,

- He is the man whom we talked with yesterday.

라는 문장을 비교해 보세요. 이 두 문장의 차이점은 무엇일까요?

🐱 처음의 문장은 「그 사람에 대해 이야기했다」이고 뒤의 문장은 「그 사람과 이야기했다」가 되는 거예요.

그렇지요. 여러분도 알겠지요? 그런데 전치사를 무시해서 「그는 우리가 어제

이야기했던 사람이다」와 같이 해석해 버리면 어느 쪽인지 알 수가 없게 되잖아요. 그래서 전치사와 연관되는 관계사는 경우에 따라서는 전치사의 의미를 적당히 섞어가면서 의역(즉 약간씩 말을 바꾸어 주면서 의미를 이해하기 쉬운 우리말로 고쳐주는 것)을 해야 하겠지요.

예를 들어, 위의 문장은 「그는 우리가 어제 화제로 삼은 사람이다.」라는 뜻이라고 하고 아래 문장은 「그는 어제 우리의 말상대였던 사람이다.」라고 하면 됩니다.

 ▶ 그는 우리가 어제 화제로 삼은 사람이다.

어려운가요? 그럼 다음 문장은 어떨까요?

- He gave me the pen which he wrote the letter with.

물론 왜 마지막에 with가 붙어 있는지는 알겠지요? 이 문장에 괄호와 화살표를 표시해보면,

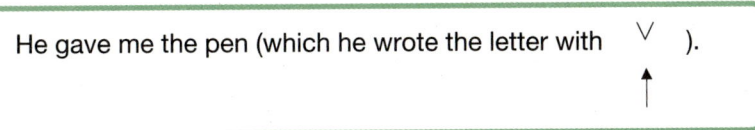

가 되는데, 이것은 관계사 부분은 원래,

- He wrote the letter with the pen.
    그는 그 펜으로 편지를 썼다.

였을 거라 생각되기 때문이지요. 도구를 나타내는 with 알지요? 이것이 문장의 원래 흐름인 「그는 내게 펜을 주었다」라는 문장의 「펜」이라는 단어의 설명이 되어 있어요. 그래서 말하고자 하는 바는 이해할 수는 있지만 막상 우리말로 해석하자니 약간 혼란스럽지요. 「그는 내게 그가 그걸로 편지를 쓴 펜을 주었다」?

주의! 따라서 이럴 때는 약간 우리말을 바꾸어서 「그는 편지를 쓸 때 썼던 펜을 내게 주었다.」와 같이 의역해 주면 이해가 쉬워지겠지요.

단, 이것은 '우리말로 해석하시오'라는 문제가 출제되었을 때 해당되는 이야기예요. 교과서 등에서 이런 문장이 나왔을 때는 「그는 그 펜을 내게 주었다」라고 쓰여 있네, 음, 그래서 「그는 그 펜으로 편지를 썼다」는 설명이 추가되어 있구나라는 식으로 앞에서부터 읽어서 무슨 말인지 이해하면 되는 거예요.

전치사 뒤의 명사가 관계대명사로 대체되는 경우

해석할 때의 문제는 이렇게 해결되었지만 또 하나의 문제점이 있어요. 이건 더욱 문법적인 문제입니다. 영어로는 전치사와 명사는 언제나 한 묶음이 되지요. 예를 들어,

- He wrote the letter with the pen.

라는 문장에서 "with the pen" 「펜으로」라는 것은 한 묶음이지요. 즉 이 부분은 서로 떨어질 수 없는 관계입니다. 그렇다면 이 중 명사 the pen이 관계대명사 which로 대체되어 앞으로 나갈 때 with도 같이 붙어서 앞으로 나갈 때도 있다는 것이지요.

무슨 말이냐면,

- He gave me the pen <u>with which</u> he wrote the letter.

좀 전의 문장과 같은 내용인 문장을 위와 같이 쓸 수 있다는 것이지요. 어디서 이런 문장 본 적 있어요? 이런 문장을 보면 어떻게 할래요? 이런 문장은 괄호 달기도 많은 주의가 필요해요.

우리가 늘 했듯이 관계사의 which부터 괄호를 열면 안 돼요. with부터 괄호를 열어야지요.

> He gave me the pen (with which he wrote the letter).

이렇게 하면 괄호 치고 남은 부분이 He gave me the pen 「그는 내게 펜을 주었다」라는 제대로 된 문장이 되지요? 그리고 화살표 작전도 주의가 필요해요. 늘 하던 대로라면 which는 the pen이니까 the pen이 어디에 원래 있었는지를 화살표로 표시하면 되었는데 이번에는 which뿐만 아니라 "with which"라는 형태가 되어 있지요?

즉 "with the pen"이라는 것이 이 문장의 어딘가에 있고 그것이 한 묶음이기 때문에 두 단어가 붙은 채로 the pen만 which로 대체되어 "with which"가 되어서 앞으로 나왔다고 볼 수 있는 거예요. 따라서 전체가 들어가는 곳을 다음과 같이 화살표로 표시합니다.

> He gave me the pen (<u>with which</u> he wrote the letter ∨).
>
> ∨에 있었던 with the pen이 with which가 되었다.

해석에 약간의 응용을

알겠습니까? 그럼 다음 문장을 생각해 봅시다.

- The house on which birds are singing is Mike's.

어때요? 괄호를 붙여서 화살표를 표시해서 의미를 파악할 수 있겠어요? 정답은 다음과 같습니다.

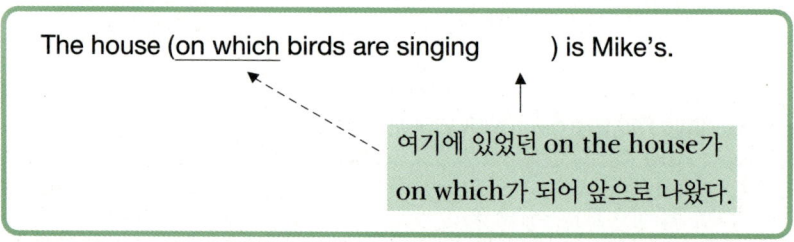

그렇다면 「그 집은 마이크의 것이다」라는 문장의 흐름에 「새들이 집 위에서 지저귀고 있다」라는 설명이 붙어있는 것이지요. on「~위」를 그대로 우리말로 해석하려고 하면 「새들이 그 위에서 지저귀고 있는 집은 마이크의 것이다.」라는 식으로 약간 복잡한 우리말이 돼잖아요. 그러니 이미지를 머리 속에 한 번 그려 보는 거예요.

「저 집이 마이크의 집이다」라고 하고 싶은 거잖아요. 그리고 그 집의 위에는 새가 많이 앉아있어요. 그런 것을 그냥 자연스럽게 우리말로 옮기면 돼요. 그래서 「지붕에서 새들이 지저귀고 있는 저 집이 마이크의 집이다.」가 됩니다.

선행사를 which 대신에 넣어본다

어때요? 좀 익숙해졌어요? 익숙해졌으면 여러분에게 선물을 줄게요. 앞에서 배운 것에 이어 너무나 어려운 질문을 드리지요. 다음 문장을 풀면 대단해요!

> 예제1
> The house the roof of which we see over there is my uncle's.

복잡하지요? 하지만 먼저 배운 대로 괄호 달기부터 해봅시다. 자, 그럼 괄호는 어디서부터 시작될까요?

 of which에서요?

아이구~~ 아니에요. 그렇게 말할 것 같더라니. 이해는 해요. 하지만 만약에 거기서 괄호를 시작하면 이 문장 첫 머리에서 The house the roof라고 명사가 두 개 연속해서 나오게 되는데 그럴 이유는 없잖아요. 힌트 줄게요. 있는 그대로 생각해 봐요. 혹은 퍼즐이라 생각해도 좋아요.

이 문장 어딘가에 괄호를 달고, 그러면 괄호 이외의 부분이 영문으로 제대로 성립되어야 하는 거예요. 자, 어디에 괄호를 달까요?

 the roof에서 there까지.

바로 맞췄어요!

> The house (the roof of which we see over there) is my uncle's.

잘 몰랐던 학생은 다시 한 번 이렇게 괄호를 달아서 살펴보세요. 이렇게 하면 괄호 이외의 부분이 The house is my uncle's. 「그 집은 삼촌의 것입니다.」가 되어 제대로 문장으로 흘러가지요?

그럼 이번에는 괄호 안쪽을 살펴봐요. the roof of which we see there라는 부분은 좀 이상하게 보이지 않아요? which뿐만 아니라 "the roof of which"라는 게 한 묶음으로 앞에 나가있는 걸 알 수 있지요? 하지만 선행사는 the house이니까 the house를 which대신에 넣으면 the roof of which가 곧 the roof of the house「집의 지붕」이라는 걸 알 수 있지요. 이것을 화살표 작전으로 원래 대로 되돌려 봅시다.

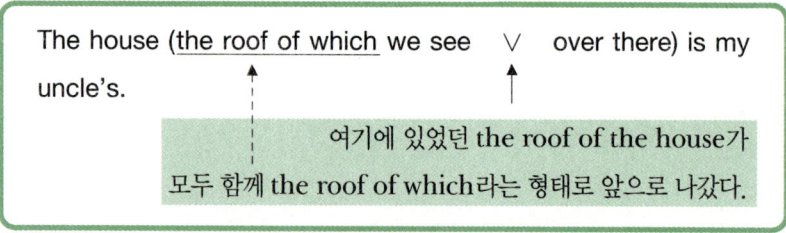

한 묶음의 요소로 생각하자

그렇게 되면 관계사 부분은 원래 We see the roof of the house over there. 「저기에 그 집 지붕이 보인다.」였다는 걸 알 수 있지요. 그렇다면 전체를 해석하면 「저기에 지붕이 보이는 집은 삼촌의 집이다.」(예제 1·답)가 되지요. 어려운가요? 하지만 왜 the roof of the house가 모두 함께 the roof of which라는 형태가 되어 앞으로 나갔을까요? 그것은 「집의 지붕」이라는 게 한 묶음이고 그 전체가 이 문장의 목적어이기 때문이지요.

```
We  see  the roof of the house  over  there.
 S    V          O
                 ‖
         「집의 지붕」은 문장의 요소로서 한 묶음이 된다.
                 ↓
         the house가 which로 바뀌어도 the roof of which는
         한 묶음인 채 앞으로 나간다.
```

따라서 정리하자면 주어나 목적어, "전치사+명사"와 같은 문장 속에서 한 묶음의 요소가 되어있는 것들은 그 일부가 관계사로 바뀌었을 때 관계사만 앞에 나가는 게 아니라 모두 함께 앞으로 나가는 경향이 있다는 겁니다. 주의!

그럼 마지막으로 질문 하나 더 하겠습니다.

> The person the talk with whom is enjoyable will be loved by everyone.

어때요? 괄호 제대로 붙이고 화살표 작전도 잘 할 수 있겠어요?

```
The person (the talk with whom   V   is enjoyable) will be
loved by everyone.                ↑
                여기에 있었던 the talk with the person이
                the talk with whom으로 바뀌었다.
```

그럼 윗 문장을 해석해 보면?

네, 「그 사람은 모두에게 사랑받을 것이다」라는 문장과 「그 사람과의 이야기는 즐겁다」라는 문장이 합쳐진 것이기 때문에 「이야기를 즐겁게 하는 사람은 모두에게 사랑받을 것이다.」(예제 2·답)이면 될까요?

훌륭합니다! 됐어요. 그럼 이해한 것 같으니까 연습문제로 들어가 볼까요?

연습문제 03

괄호와 화살표를 표시한 후 우리말로 해석하시오.

(1) The hill on which his house stands is full of beautiful flowers.

(2) The supermarket which we went to yesterday was very cheap.

(3) English is a language the knowledge of which you need if you want to succeed in the world.

(4) The mountain at the roof of which he lives is famous for its beauty.

[해답편 p.263]

제4회 관계대명사(4)
생략된 것을 알면 관계사도 졸업이다!

주제문 ▶ I will keep the story you have just talked to me about secret.

잘못된 해석 ▶ 당신이 내게 비밀에 대해서 이야기해 주어서 나는 그 이야기를 기억할 것이다.

관계대명사의 생략

자, 이제 관계대명사에도 어느 정도 자신감이 붙었으리라 생각되는데 마지막으로 한 회만 더 관계대명사를 배워봅시다. 아마도 문법지식으로는 알고 있겠지만 관계대명사의 생략에 관한 것입니다.

알고 있었지요? 관계대명사 중 목적격은 생략할 수 있지만 사실은 생략할 수 있다라기 보다 생략하는 게 보통이라는 것입니다. 무슨 말인지 확인해 볼까요?

- The man who is standing over there is Mike.

이런 문장을 생각해 보지요. 이 문장에 괄호를 달면 이렇게 되겠지요?

The man (who is standing over there) is Mike.

물론 괄호 안은 원래 The man is standing...이라 되어있었을 텐데 the man이라는 주어에 해당하는 부분이 who라는 관계대명사로 대체된 것이지요. 이와 같이 주어에 해당하는 관계대명사는 생략할 수 없습니다. 하지만 다음 예를 봅시다.

- The man whom you know well got into an accident.

이 문장에 괄호를 붙여보면 다음과 같이 되겠지요.

> The man (whom you know well) got into an accident.

말할 것도 없이, 괄호 안은 You know well이었는데 목적어에 해당하는 the man이 whom으로 대체되어 whom you know well이 되었어요.

이렇게 목적어가 관계사가 된 경우의 관계사는 생략될 때가 많습니다. 그렇게 되면,

- The man you know well got into an accident.
  당신이 잘 아는 사람이 사고를 당했다.

여기서 문제는 그런 관계사가 생략된 문장을 봤을 때, 관계사가 생략되었다는 걸 바로 간파할 수 있느냐는 것입니다. 관계사의 생략을 간파해서 그 생략된 부분을 보충한 후 지금까지 배웠던 대로 괄호 달고 화살표 작전으로 들어가면 독해할 수 있는 것이니까요.

관계사의 생략을 어떻게 간파할까

그럼 관계대명사가 생략되었음을 어떻게 알 수 있을까요?
지금까지 여러 가지 참고서나 고등학교나 학원에서 선생님이 관계사의 생략을 찾아내는 다양한 「작전」을 개발해 내셨을 거예요.
예를 들어, 관계사를 사용한 문장에는 두 개의 동사가 있다는 것입니다.

앞의 문장에서는 동사 know와 동사 got, 두 개의 동사가 있지요? 한 문장에 동사는 하나만 있는 게 보통입니다. 만약 두 개 있다고 하면,

- He likes tennis, and often plays it.
- Because he lives in France, I cannot meet him.

과 같이 and나 because 등의 접속사에 의해 두 문장이 연결된 경우일 것입니다. 하지만 아까 봤던 문장에는 접속사가 없습니다. 영어에서는 두 문장을 이어주는 것은 접속사 아니면 관계사 둘 중 하나입니다. 그렇다면 비록 생략되어 있다 하더라도 이 문장은 관계사에 의해 두 문장이 합쳐진 것이라 추측할 수 있을 것입니다.

이 설명도 이론적으로는 맞는 것이지만 영어문장을 읽을 때 이 문장은 동사의 수가 하나냐 둘이냐 늘 헤아려야 한다니 그러다 밤새우지 않을까요? 실용적인 방법이라고는 할 수 없지요.

이런 작전도 있어요. 목적어가 관계사가 된 경우만 관계사가 생략된다는 점에 착안한 작전인데 다시 아까 문장을 써보면,

> The man [(whom) you know well] got into an accident.

생략되는 관계사 앞에는 선행사(the man)가 있고 그 다음에 관계사의 괄호 안에 주어와 동사(you know)가 온다. 이렇게 "명사+명사+동사"(the man you know와 같이)의 배열이 되는 것이지요. 보통 단어들이 이렇게 배열되지는 않지요. 이렇게 단어가 나열된 걸 보면 관계사가 생략되었을 거라 생각한다는 것입니다. *주의!*

개인적으로는 후자가 문장을 끝까지 읽고 동사가 몇 개인지 세는 작전보다는 타당하다고 봅니다. 하지만 이 후자도 분명히 결론적으로는 맞는 이야기인데,

실제로 영문을 읽을 때 늘 「이것도 명사다, 이것도 명사고 이것은 동사...... 어, "명사+명사+동사"다!」 이런 식으로 읽는 것도 아닐 테니 그렇게 쓸만한 작전은 아닌 것 같습니다.

> **중요!** 가장 현실적인 방법은 익숙해지는 것. 그저 익숙해지는 것입니다. 학교 교과서든 무슨 책이든 관계사가 생략된 문장은 얼마든지 나오니까 자기 힘으로 그것을 찾을 수 있도록 언제나 생각하면서 글을 읽는 것입니다. 왕도는 없다고 생각합시다.

문장과 문장을 잇는 접속사가 있는지

그럼 주제문을 다시 한 번 볼까요.

> I will keep the story you have just talked to me about secret.

I will keep the story...까지 읽으니 그냥 특별할 것 없는 문장인 것 같아요. 하지만 거기서 갑자기 "주어+술어"같은 you have just talked...라는 게 나오는 거예요. 이것도 하나의 문장같지요? 그럼 첫 문장과 이 문장을 이어주는 접속사가 있었어요?

- <u>Because</u> I will keep..., you have just talked....

라든지

- I will keep..., <u>and</u> you have just talked...

라든지, because나 and 등 아무거나 좋으니까 접속사가 있으면 이 두 문장은 이어져 있다고 할 수 있지요. 하지만 아무 것도 없어요. 그럼 관계사가 생략된 거 구나 생각할 수가 있지요. 그리고 괄호 열고,

- I will keep the story (which you have just talked to me about secret.

자, 그럼 뒷일은 여러분에게 맡길게요. 괄호를 닫고 화살표 작전으로 들어가 보도록 해 볼래요?

 이 문장 끝까지 모두 괄호 안에 들어가는 거 아니에요?

... the story (which you have just talked to me about secret). 가 된다고? 음, 그렇게 보이기도 하겠다. 하지만 그렇게 되면 화살표 작전이 잘 될 까요?

 ...you have just talked to me about secret... 선행사인 the story는 아무 데도 못 들어가요!

그럼 안 되지요. 힌트 줄게요. 동사 keep의 용법을 생각해야지요. She keeps a dog처럼 「가지고 있다」라는 뜻과 She kept the window open과 같이 5형식 문장으로 「~을 ...로 유지하다」는 두 가지가 있지요. 여기서는 어떤 것을 사용하고 있어요?

 아, 알았다. keep the story secret이라고 되어있구나.

그렇지요.

> I will keep the story (which you have just talked to me about
>   ↑) secret.
>
> the story가 여기에 있었다.

이렇게 되어있는 거지요. 그렇다면 「나는 그 이야기를 비밀로 해둘 것이다」라는 문장과 「당신은 지금 내게 그 이야기에 관해 이야기했다」라는 문장이 합쳐진 것이므로,

 ▶ 당신이 지금 내게 한 이야기를 나는 비밀로 해둘 것이다.

이렇게 되는 것이지요.
자, 이제 이번 회의 가장 중요한 주제는 끝났어요.

who나 which를 that으로 대용

한 가지 덧붙일 것이 있는데, 이것도 문법지식으로서 아는 학생이 많을 것 같은데 관계대명사 who나 which는 지금가지 배운 대로 생략하는 것 외에 that으로 대용할 수가 있답니다. 알고 있었나요?
아까 문장도 which를 생략하는 것이 아니라 that으로 대체해 다음과 같이 쓸 수도 있다는 것이지요.

- I would like to keep the story that you have just talked to me about secret.

아마도 알고 있었을 거라 생각해요. 참고로 이건 생략과 달리 목적어의 관계사만 이렇게 되는 건 아니에요. 주어의 관계사도 that으로 대체할 수 있지요.

이것은 that절과 많이 닮아있기 때문에 그 차이를 구별하는 게 중요합니다. 뒤에서 that절을 확실히 배운 후 다루도록 합시다. 그러니 이 이야기는 그냥 흘려 들으세요.

자, 그럼 연습문제로 들어갈까요. 관계사가 생략된 부분을 잘 찾아내서 생략된 부분을 보충하면 괄호와 화살표예요!

연습문제 04

괄호와 화살표를 표시한 후 우리말로 해석하시오.

(1) He bought the picture he found at the antique shop for 100,000 won.

(2) You must do something for the society you are in.

(3) The road his house stands on leads to Busan.

(4) He left the country he was born in to live in Australia.

[해답편 p.264]

제5회 | 분사
과거형과 과거분사를 구별하자

주제문 ▶ The boy called Tom called Jack.

잘못된 해석 ▶ 그 소년은 톰을 부르고 그리고나서 잭을 불렀다.

현재분사와 과거분사

관계사에 관한 이야기는 이번이 마지막이지만 관계사처럼 문장의 가장 중요한 흐름 사이에 삽입되어서 그 흐름을 독해하기 어렵게 만드는 우리의 「적」은 관계사 뿐만이 아닙니다.

또 무엇이 있을까. 그건 바로 분사입니다.

- The man walking on the street is my brother Jim.
- The man hit by the car was carried to the hospital.

위쪽의 문장의 walking on the street은 현재분사라고 해서 「거리를 걸어가고 있는 남자」와 같이 바로 앞에 있는 the man을 수식하고 아래 문장의 hit by the car는 과거분사이며 「그 차에 치인 남자」라고 똑같이 the man을 수식하지요.

현재분사는 「~하고 있는」, 과거분사는 「~되는」 또는 「~당한」이라는 수동의 뜻을 가지고 있으며 둘 다 바로 앞의 명사를 수식합니다. 이 점 관계사와 매우 비슷하지 않나요?

위쪽 문장으로 말하면 가장 중요한 흐름은 The man...is my brother Jim. 「그 남자는 나의 형인 짐이다」로 분사는 그 사이에 삽입되어있기 때문에 관계사와 마찬가지로, 중요한 흐름이 아닌 부분은 괄호로 둘러서 빼버리도록 하지요.

> The man (walking on the street) is my brother Jim.
> 　　　　　　문장의 가장 중요한 흐름
>
> The man (hit by the car) was carried to the hospital.
> 　　　　　　문장의 가장 중요한 흐름

여기까지는 문제없지요? 관계사와 마찬가지로, 이야기를 듣고 「아, 그렇구나」라고 납득만 하는 것이 아니라 영문을 읽다가 이런 분사가 나왔을 때 자기 힘으로 그걸 알고 괄호를 열어야 하는 그 행위를 할 수 있는지가 중요합니다. 할 수 있겠습니까?

제 경험으로는 현재분사는 문제없이 잘 할 수 있을 것 같아요. 현재진행형으로 The man is walking the street.「그 남자는 거리를 걷고 있다.」와 같이 「걸어가고 있다, 끝!」이렇게 문장이 끝나는 것이라면 "be동사+~ing"가 되어 삽입의 역할을 하는 현재분사와는 be동사가 없는 점이 확연히 틀리기 때문에 구별하기 쉽지요?

과거형인가 과거분사의 삽입구인가

이번엔 과거분사를 살펴 볼게요. 과거분사는 경우에 따라서는 상당히 복잡해집니다.

단순한 수동태와 비교하면 be동사가 없다는 게 다른 점이지요. The man was hit by the car는 수동이지만 문제는 수동태가 아니라 과거형과 비슷하다는 점이에요. 다음 문장을 봐주세요.

- The man painted in this picture is my grandfather.

문장을 끝까지 잘 읽어보면 이 문장은 The man ... is my grandfather. 가 가장 중요한 흐름이며 painted in this picture는 과거형이 아니라 분사로, 「이 그림에 그려져 있는 ......」과 같이 the man「남자」를 수식하고 있다는 거 알 수 있지요?

하지만 이 문장을 봤을 때 The man painted...의 부분이 "주어+동사"로 「그 남자는 그려진......」이 되어있는 것이라고 순간적으로 착각하지 않았어요?

주의! 과거형으로 문장의 술어가 되어있는지 과거분사로 삽입구인지 헷갈린다는 게 바로 그런 거예요.

그렇다면 어떻게 구별하면 될까요? 관계사의 생략과 마찬가지로 이것도 상당히 복잡한 문제입니다. 접속사가 없는 한 문장 안에는 동사는 하나밖에 없다는 전제하에, 아까 문장에는 painted와 is라는 동사가 두 개 있으니 과연 어느 것이 「진짜」 동사인가? 생각하는 것도 한 방법이겠지요.

하지만 짧은 문장이라면 상관없지만 문장이 더 길어지면 끝까지 일단 읽고 그 후에 다시 「어느 쪽이 진짜 동사지?」 생각하는 것도 귀찮은 일 아닌가요?

가장 좋은 것은 관계사 때와 마찬가지로 화살표 작전으로 들어가는 것입니다. 아까 문장에서 문장 첫 머리의 The man painted in this picture...라는 부분을 읽고 뭔가 이상하다는 생각을 했는지 안 했는지가 중요해요.

paint는 타동사잖아요? 즉 「그리다」는 「~을 그리다」와 같이 뒤에 목적어가 오지 않으면 이상한 거잖아요. 그런데 이 문장에서는 목적어가 없어요. 따라서 painted를 과거형처럼 해석하면 「그 남자는 이 그림 속에 그렸다」가 되어 도대체 무엇을 그렸는지를 알 수가 없어서 이상해지지요?

목적어의 명사부분에 화살표를

즉, 목적어가 없다는 것이지요. 그리고 목적어가 없다는 건 수동태의 특징이라는 사실을 상기해 주세요.

너무나 당연한 것이지만,

- They speak English in the U.S.

라는 능동태에서는 타동사인 speak뒤에 English라는 목적어가 있는데 이것이 수동태가 되면,

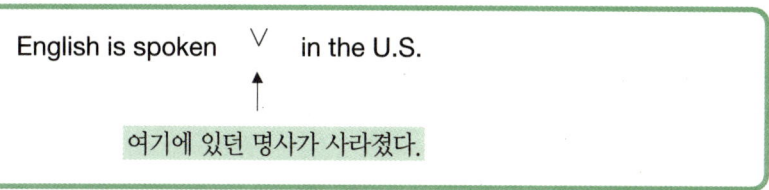

이런 식으로 타동사이어야 할 spoken 뒤에 명사가 이어져 있지 않지요. 이것은 수동의 뜻을 가진 과거분사에서도 마찬가지입니다.

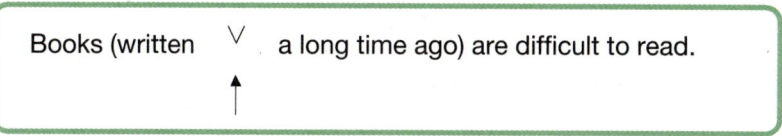

이런 문장도 그렇지만 write는 「~을 쓰다」라는 뜻이니까 뒤에 명사가 와야 마땅한데 과거분사가 되면 뒤에 명사가 없다는 것이지요. 그 점을 재빨리 파악한다면 과거분사는 금세 찾을 수 있을 거란 말이에요.

그리고 거기에 화살표를 표시해 주고.

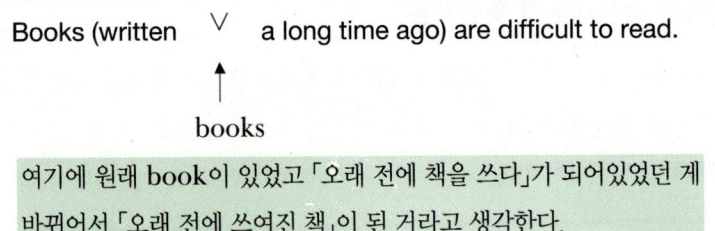

다른 예로 다시 생각해 볼까요?

- The boy asked to help his mother refused.

asked to help를 보고 뭔가 이상하다는 생각이 들지 않았나요? 왜냐하면 "ask+사람+to부정사"로 「사람에게 ~하도록 부탁하다」라는 말이 있기도 하잖아요.

- She asked me to help her.
  그녀는 내게 도와달라고 부탁했다.

이렇게요. 하지만 이 경우는 "ask+사람+to부정사"가 아니라 ask의 바로 뒤에 to부정사가 이어져 있어요. 명사가 없지요? 그래서 이것은 과거형이 아니라 과거분사라고 금방 알아 차려야겠지요.

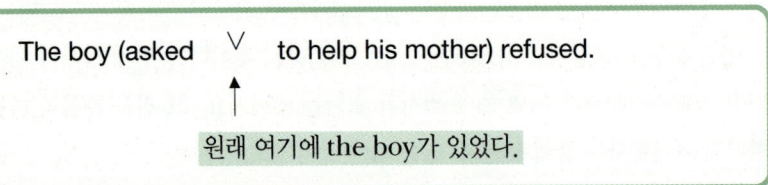

그리고 화살표 부분에 the boy를 보충해서 생각하면 「소년에게 어머니를 돕도록 부탁하다」가 되고 그걸 변화시켜서 「어머니를 돕도록 부탁받은 소년」이 되는구나라고 생각하는 것이지요. refuse는 「거절하다」니까 전체적으로는 「어머니를 돕도록 부탁받은 소년은 거절했다.」가 됩니다.

한 문제 더 낼게요.

- The kind care taken of the patients made the hospital famous.

이 문장의 taken은 take-took-taken, 즉 과거형과 과거분사의 형태가 전혀 다르니까 한눈에 이것은 과거분사라고 금방 구별할 수 있어요. 하지만 taken of...가 뭐더라? 이렇게 되면 막히고 말지요.

The kind care (taken   ∨   of the patients) made the hospital...
           ↑
여기에 본래 kind care가 있었다.

주의! 화살표 작전을 제대로 수행한다면 "take care of ..."의 care가 없어진 거잖아! 라고 금방 알 수 있겠지요. 그렇다면 「환자를 친절하게 보살피다」 take care of the parents가 변화한 것이므로 「환자에 대한 친절한 보살핌」이라 해석될 수 있겠지요. 그렇다면 문장 전체에서도 「환자에 대한 친절한 보살핌이 그 병원을 유명하게 만들었다.」라고 해석할 수 있겠지요.

진짜 동사를 판별하자

어때요? 화살표 작전이 여기서도 중요한 이유를 알겠습니까? 그럼 주제문으로 돌아갑시다.

> The boy called Tom called Jack.

call은 「부르다」나 「전화를 걸다」라는 뜻 외에 5형식 문장으로 We call the boy Tom. 「우리는 그 소년을 톰이라고 부른다.」라고 사용할 수 있지요. 이 형태로 사용되고 있다고 생각한다면 처음 부분에서 명사가 하나 모자라는 것을 알 수 있을 것입니다.

> The boy (called ∨ Tom) called Jack.
> ↑
> 여기에 본래 the boy가 있었다.

「그 소년을 톰이라고 부른다」가 「톰이라고 불리는 소년」으로 변화되었다고 생각할 수가 있는 것이지요. 두 번째의 called야 말로 진짜 동사로,

 ▶ 톰이라고 불리는 소년이 잭에게 전화했다[잭을 불렀다].

라는 의미가 된 것이지요.
그럼 여기서 연습문제로 갑시다!

연습문제 05

괄호와 화살표를 표시한 후 우리말로 해석하시오.

(1) The main injured in the accident was carried to the hospital.

(2) Foreign tourists visiting Korea are surprised that trains are always punctual there.

(3) Most of the students studying at this college are satisfied with the lessons.

(4) A lot of birds named 'Kkekkori' because they sing 'Kkekore' live in this area.

[해답편 p.265]

제6회 부사구·형용사구
학교에서는 가르쳐주지 않는 맹점

주제문	▶ He found in the book he was reading a picture of a person he knew well.
잘못된 해석	▶ 그는 책을 찾아서 잘 아는 사람의 사진을 읽고 있었다.

"전치사+명사"는 동사나 명사를 수식

「삽입 읽기」도 이번이 마지막입니다. 이번에는 "전치사+명사"의 역할에 대해 생각해 봅시다. 전치사 다음에는 언제나 명사가 오지요? 그게 한 묶음을 만드는 건데요, 예를 들면 "in the room"「방 안에서」 "about the topic"「그 화제에 대해서」와 같이 말이에요. 여기서 중요한 것은 이 "전치사+명사"의 문장 안에서의 위치와 역할입니다.

먼저 people in Korea라고 하면「한국 사람들」이 되지요. Korea가「한국의」로 people「사람들」을 수식하듯이 "전치사+명사"는 바로 앞에 있는 명사를 수식하는 기능이 있습니다. 명사를 수식하니까 형용사의 기능을 한다고 볼 수 있지요. 따라서 이런 경우 in Korea는 형용사구라고 한답니다.

반대로, He swims in the sea.라는 문장에서는 in the sea「바다에서」라는 "전치사+명사"는 「헤엄치다」라는 동사를 수식하지요. 즉 "전치사+명사"는 자기보다 앞에 있는 동사를 수식하는 기능도 가지고 있습니다. 동사를 수식하는 건 부사니까 이런 경우 in the sea를 부사구라고 한답니다.

다른 예로 살펴볼까요?

① He is reading a book about Korea.
② He is reading a book in his room.

비슷한 문장이지만 ①의 문장에서는 about Korea는 「한국에 관한 책」과 같이 바로 앞에 있는 a book이라는 명사를 수식하는 형용사구의 역할을 하는 데 대해 ②에서는 in the room은 「방에서 읽다」와 같이 동사를 수식하는 부사구의 역할을 하고 있지요.

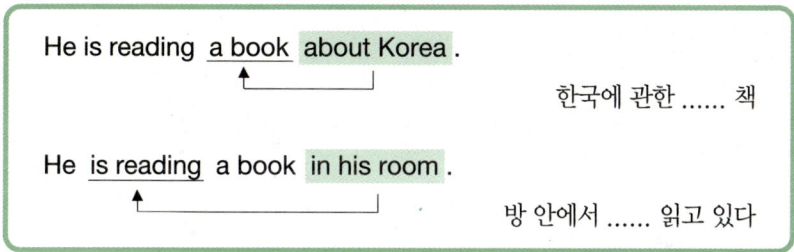

이 정도의 문장이라면 형용사구인지 부사구인지 따지지 않아도 어디를 수식하는지 자연히 판단할 수 있겠지요. 하지만 그런 자연스러운 판단이 언제든지 가능한 것은 아니니깐 다음 문장을 봐주세요.

- He drew a man with a pen.

해석해 볼래요? drew는 draw「그리다」의 과거형입니다.

 그는 펜으로 남자를 그렸다.

그래요. 또 다른 해석은?

 다른 해석이요?

다른 해석도 있을 텐데?

 …….

좀 전의 해석은 with a pen이 drew「그리다」를 수식하는 걸로 보고「펜으로 그리다」라고 한 것이지요? 그럼 만약에 with a pen이 a man을 수식하는 걸로 본다면? a girl with blue eyes라고 하면「파란 눈을 가진 여자아이」가 되지요. 그렇다면?

 아 그렇구나.「그는 펜을 가지고 있는 남자를 그렸다」?

그렇지요. 좀 억지스러운 해석이긴 하지만 그런 해석도 가능하긴 해요. 그래서 독자로서 어느 쪽으로 해석하면 좋은지 잘 생각해야 하겠지요.

동사와 목적어가 나누어진 문장

이런 경우 애매하지 않게 하려면 문장을 다음과 같이 써야 합니다.

- He drew with a pen a man.

이렇게 쓰면 with a pen은 앞에 있는 drew를 수식한다고 밖에 볼 수 없지요. a man은 뒤에 있기 때문에 수식할 수가 없습니다. 그래서「그는 펜으로 그렸다」라고 틀림없이 해석될 것입니다.

하지만 그렇게 되면 또 다른 문제점이 생기기도 합니다. 즉,

He drew (with a pen) a man.
S   V   O

과 같이 교과서적으로 말하자면 원래는 이어져있어야 할 동사(V)와 목적어(O)가 나누어져서 그 사이에 불필요한 것이 삽입된 형태가 되는 것이지요.

그래서 우리가 이런 영문을 보게 되었을 때는 지금까지 배웠던 삽입의 패턴과 마찬가지로 이 부사구를 괄호로 둘러줌으로서 문장의 진짜 흐름을 제대로 파악해 줘야 하는 것입니다.

애매하지만 He drew a man with a pen.이라고 쓰느냐, 애매하지는 않지만 교과서적인 문장의 순서를 바꿔버리고 He drew with a pen a man.이라고 쓰느냐는 쓰는 사람 마음이고 독자가 읽기 쉽게 쓰는 게 좋겠지요. 하지만 외국인이면서 영어초보인 우리로서는 쓰는 사람이 읽는 사람을 배려한답시고 쓴 게 오히려 독해하기 힘든 경우도 있답니다.

두 동사 중 어느 쪽을 수식하는가

하나 더 이런 예를 살펴 봅시다.

- He received the letter she sent yesterday.
  어제 그녀가 보냈던 편지를 그는 받았다.

우리말로 생각해도 이런 문장 이해하기 어렵지요? 「어제」가 「그녀가 보냈다」를 수식하는지 「그는 받았다」를 수식하는지 모르잖아요.

그래서 만약에 「어제」가 「그가 받았다」를 수식하는 거라면 우리말로도 약간 순서를 바꾸어서 「그녀가 보낸 편지를 그는 어제 받았다」라고 해석하는 게 읽는 사람이 훨씬 알기 쉽겠지요.

영어도 마찬가지입니다. 이 영어문장에는 관계대명사가 생략된 것을 알겠지요?

- He received the letter which she sent yesterday.

그럼 괄호를 달아볼까요?

- He received the letter (which she sent yesterday).

이렇게 생각하면 「그녀가 어제 보낸 편지」가 되지요? 하지만 이렇게 괄호를 달 수도 있겠지요.

- He received the letter (which she sent) yesterday.

이렇게 하면 「그는 어제 받았다」가 됩니다. 알겠지요?
즉 부사는 기본적으로 자기보다 앞에 있는 동사를 수식하지요? 그런데 이런 관계사를 사용한 문장에서는 received와 sent, 두 동사가 있기 때문에 어느 쪽을 수식하는 건지 애매해집니다. 이렇게 애매해지면 위치가 보다 가까운 쪽의 동사, 즉 sent를 수식하는 걸로 생각하기 쉽습니다.

- He received the letter (which she sent yesterday).

애매함을 없애면 끼어드는 형태가 된다

어떡하든 「어제 받았다」라고 received를 수식하는 걸로 만들고 싶다면 received의 바로 뒤에 yesterday를 넣어서

- He received yesterday the letter she sent.

라고 하면 됩니다.

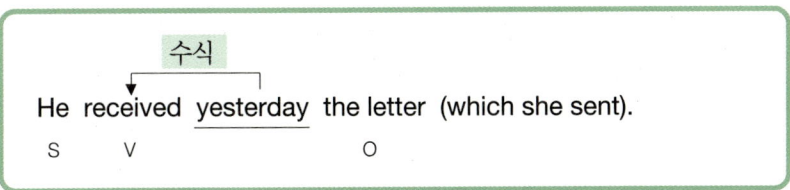

이렇게 yesterday가 received를 수식하는 것이 분명해집니다. 하지만 반대로 He received the letter.라는 문장의 가장 중요한 흐름 사이에 yesterday가 끼어드는 형태가 되어버립니다.

따라서 여기서도 애매함을 피하기 위해 끼어들게 되는 것이라는 걸 잘 생각하면서 이런 문장을 보면 그 끼어든 부분을 괄호로 단단히 둘러줌으로서 문장의 가장 중요한 흐름을 찾아줄 필요가 있겠습니다.

주의!

서로 떨어진 SVO를 써 넣어보자

관계사뿐만 아니라 명사절에서도 마찬가지입니다. 명사절에서는 다음 PART Ⅱ에서 상세히 다루겠습니다.

- She said that she loved me in the train.

in the train이라는 부사구는 무엇을 수식하고 있을까요? 설마 「그녀는 기차 안에서는 나를 사랑한다」!? ..... 기차 안에서는 당신을 좋아하지만 기차에서 내리면 당신은 촌스러워서 싫어, 이런 걸까요?

물론 「기차 안에서 말했다」가 되는 게 맞으니까 「말했다」를 수식하는 것입니다. 하지만 그렇다면 이 문장은 좀 헷갈리지요? 그래서,

- She said that in the train that she loved me.

라고 하는 것이 일반적이지요. 하지만 그럼 이 문장도 She said that ... 이라는 흐름에 in the train이 끼어드는 게 되지요.
  영문을 독해할 때 모든 문장에 S나 V라고 써넣을 필요는 없습니다. 하지만 이렇게 끼어드는 문구가 있는 문장에서는,

> She said (in the train) that she loved me.
> S   V   O

위와 같이 끼어든 문구에 괄호를 붙여줘서, 떨어져 있더라도 She said that... 이 SOV가 된다는 표시를 해주면 독해가 더 쉬워지겠지요?
  이야기가 길어졌는데 이제 주제문으로 돌아갑시다.

> He found in the book he was reading a picture of a person he knew well.

먼저 found「찾다」가 타동사임을 알아차릴 것. 즉 「무엇을」 찾았는지 쓰여져 있을 텐데 found의 바로 뒤가 in the book이라고 되어 있어서 이상하다라고 생각해야겠죠? 무엇을 찾은 걸까요? found의 목적어는?

 a picture 인가요?

그렇지요.

```
He  found  (in the book he was reading)  a picture...
S    V                                     O
```

이 부분에 괄호가 정확히 둘러져서 「그는 사진을 찾았다」라는 가장 중요한 흐름을 파악한다면 나머지는 쉬워요. 그럼 괄호 안의 in the book he was reading의 부분은?

 in the book which he was reading이라는 말이지요? 「그가 읽었던 책에서」

잘 했어요. 다시 한 번 이 문장을 제대로 써봅시다.

```
He  found  [in the book (which) he was reading]
S    V
            a picture  of a person (whom) he knew well.
              O
```

이제 해석할 수 있겠지요?

 ▶ 그는 읽고 있던 책에서 잘 아는 사람의 사진을 찾았다.

자, 그럼 다 이해했으면 연습문제로 갑시다!

연습문제 06

괄호와 화살표를 표시한 후 우리말로 해석하시오.

(1) He cut with the knife the apple he found on the table.

(2) She wrote in her letter that she liked very much the birthday present I had sent her.

(3) She put in the pan everything she found in the refrigerator and began to cook it.

[해답편 p.267]

PART 02 묶음 읽기

제7회 | 명사절이란 무엇인가?
명사만이 명사가 아니다!

| 주제문 | ▶ How he did it is not clear. |
| 잘못된 해석 | ▶ 그가 어떻게 해도 그것은 명백하지 않다. |

동사를 수식하는 부사절

이번에는 절에 대해 공부해 봅시다. 절이란 쉽게 말하면 접속사와 문장이 합쳐진 것을 뜻합니다. because든 if든 여러분이 알고 있는 접속사는 모두 because he was ill「그가 아팠기 때문에」와 같이 뒤에 문장이 이어지면서 하나의 묶음이 되지요. 그게 절입니다.

그리고 알아둬야 할 것은 절에는 명사절과 부사절의 2종류가 있다는 것입니다(사실은 형용사절이라는 것도 있는데 이건 관계사이므로 생각 안 해도 됩니다).

무슨 말인지 설명할게요. 먼저 부사절. 다음 세 문장을 봐 주세요.

① She went to the bed early.　　　　　　　　　(부　사)
② She went to the bed at midnight.　　　　　　(부사구)
③ She went to the bed after she took a bath.　(부사절)

　①번 문장의 early같은 단어가 부사임은 여러분 다 알 테고요, early가 없어도 이 문장 She went to the bed.는 문법적으로 성립됩니다. 없어도 되는데 그럼 무슨 역할을 하냐면 「일찍 …… 잤다」와 같이 동사를 수식하고 있습니다. 이와 같이, 없어도 되는데 동사를 보다 구체적으로 설명하기 위해 문장에 붙어 있는 것을 부사라고 합니다.

　그리고 ②번 문장. at midnight은 전치사 at과 명사 midnight이 합쳐져서 「한밤중에 …… 잤다」가 되어 역시 동사를 수식하고 있으므로 부사구라고 한다는 것은 지난 시간에도 설명했었지요? 부사구란 단어가 몇 개 모여서 그것 전체로 부사의 역할을 하는 것을 말합니다.

　그럼 ③번 문장. after라는 접속사 뒤에 she took a bath라는 문장이 이어져 그 전체로 「그녀가 목욕하고 난 뒤」가 되고 있지요. 접속사와 문장이니까 이게 한 묶음이 되어서 「절」입니다. 그리고 그 절 전체가 지금까지의 early나 at midnight과 마찬가지로 부사의 역할을 하는 것을 알겠어요? 부사절이 없어도 이 문장은 문장으로 성립되잖아요. 그런데 그 절이 무엇 때문에 있냐고 하면 「목욕하고 난 뒤…… 잤다」와 같이 동사를 수식하기 위해서 입니다.

　이런 부사구를 만드는 접속사는 이외에도 어떤 것이 있을까요? 생각나는 것이 있어요?

 ······???······.

뭐든지 괜찮아요. 예를 들어 because는 어떨까요?

> She went to bed because she was tired.

보다시피 because라는 접속사와 she was tired라는 문장이 합쳐져서, 굳이 없어도 되는 「피곤했기 때문에……잤다」라는 식으로 왜 잤는지 「잤다」라는 동사에 이유를 덧붙여 수식하는 역할을 하고 있습니다. 그래서 이것도 부사절이 되겠지요.

대개 if「만약~」이나 before「~하기 전에」, as soon as「~하고 곧바로」라든지 하는, 중학교 때 배웠던 접속사는 모두 부사절을 만든다고 생각하면 틀림없습니다. 머리 속에서 떠올리면서 확인해 보도록 하세요.

주의!

문장의 목적어가 되는 that절

그럼 부사절은 넘어가고 이번엔 명사절입니다. 명사절이란 이름그대로 명사의 역할을 하는 절입니다. 대표적인 것은 여러분이 that절이라 부르고 있는 것인데, 다음 두 문장을 비교해 보세요.

① I know this city.
② I know that he is honest.

①번 문장의 this city는 「목적어(O)」라고 하는 건 다 알지요? know는 타동사입니다. 타동사란 「이 도시를 안다」와 같이 「~을」이라고 해석될 수 있는 명사

가 바로 뒤에 이어지는 동사입니다. 그리고 그 「~을」에 해당되는 명사를 목적어라고 하며 기호로 O라고 쓰지요.

그럼 ②번 문장을 봅시다. that이라는 접속사 뒤에 he is honest라는 문장이 이어지면서 전체로 that he is honest「그가 정직하다는 것」이라는 절을 만들고 있음을 알 수 있습니다.

그리고 ①번 문장의 this city와 똑같은 역할을, that he is honest「그가 정직하다는 것」이라는 절이 담당하고 있다는 거 알겠어요?

「나는 이 도시를 안다」와 똑같이 「나는 그가 정직하다는 것을 안다」고 해석되잖아요? 그렇다면 이 that절은 명사의 역할을 하면서 이 문장의 목적어가 되어 있는 것이라 할 수 있습니다.

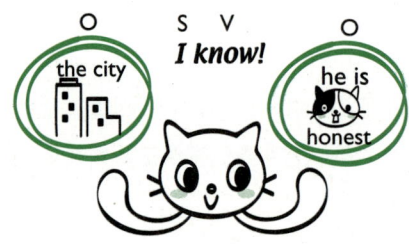

한 묶음의 주어로 생각하자

그런데 I believe that ...이나 He said that...과 같이 that절이 목적어가 되는 형태는 여러분 모두 익숙한데 이런 문장은 어떨까?

- That she will come on time is certain.

이 문장의 주어는 뭐냐고 질문하면 「time입니다!」라고 대답하는 학생도 있던데, 아닙니다.

이 문장이 that절로 시작하는 것은 알겠지요? 그리고 that절은 명사의 기능을 하는 것이라는 것도 알죠? 명사의 기능을 하는 것이 문장의 앞머리에 나가면 그건 틀림없이 주어가 되는 겁니다. 이 문장은,

> <u>That she will come on time</u> is certain.
> 　　　　주어(S)

위와 같이 That she will come on time「그녀가 정각에 올 것이라는 것」이라는 부분 전체가 한 묶음으로「……는 분명하다」의 주어라고 생각할 수가 있는 것이지요.

좀 어려울지도 모르겠어요. 우리말로 한 번 생각해 봅시다.「하늘이 파랗다」라는 문장의 주어는「하늘」이 되겠지요. 하지만「그녀가 거짓말쟁이라는 것은 유명하다」는「그녀가」가 주어가 아니지요?「그녀가 거짓말쟁이라는 것」이라는 문구가 몽땅 주어가 된 거예요.「그녀가 거짓말쟁이」라는 문장에「~라는 것」을 붙이면 전체가 명사같이 되는 겁니다. that도「~라는 것」이라는 우리말과 같다고 생각하면 좋겠어요.

여러분은 별 생각없이 "that절"이라 부르고 있지만 that절이라고 하면 실은 아무 의미가 없어요. 명사절이라 생각합시다. 명사절이라 생각하는 데에서 주어가 되기도 한다는 발상이 생겨나는 것이니까요.

PART I에서는 문장의 본래의 흐름을 방해하는 여러 가지 형태의「삽입」을 방해되는 요소라 생각해서 괄호로 둘러서 빼냈었지요?

PART II는 제목이「묶음 읽기」라 되어있는데 무슨 말인지 조금은 알겠지요? 이번의 that절과 같은 것은「삽입」이 아니에요. 위의 문장을 다시 한 번 보고 이해하면 좋겠는데 사각형으로 두른 부분이 아주 길지만 한 묶음이 되는 것으로, 일반적인 명사와 같은 역할을 하는 겁니다. 그래서 이번에는 괄호가 아니라 사각형으로 한 묶음으로 둘러주겠습니다. 이 문장의 가장 큰 흐름이,

☐ is certain. =「☐는 분명하다.」

라고 얼핏보기만 해도 알 수 있게 해주자는 겁니다.
　그리고 그 ☐ 안을 현미경으로 보면「그녀가 정각에 올 거라는 것」이라 되어있어요. 그렇다면「그녀가 정각에 올 것이 분명하다」라는 의미라고 금방 알 수 있단 말이에요. 양파 있잖아요. 껍질을 까면 또 나오고 까면 또 나오고. 그런 이미지로 생각하면 이해가 빠르지 않을까 싶어요.
　한 가지 덧붙이자면 이런 명사절이 주어가 된 문장은 첫머리(주어)가 길어서 읽기 힘들다고 해서 가주어를 써서 고쳐쓸 수도 있습니다.

- It is certain that she will come on time.

이런 형태가 되면 "it ... that" 구문이라고 하지요? 이 구문의 원래 형태도 의미 파악을 잘 할 수 있으면 좋겠네요.

의문사는 모두 명사절로 사용할 수 있다

　that절이 명사절이고 일반적인 명사와 마찬가지로 주어도 되고 목적어도 되고 하는 것을 봤는데 that절 이외에는 어떤 명사절이 있을까요?

 ……???…….

이런 문장을 보고「참, 그렇지!」라는 생각이 들지 않나요?

- I don't know whether he will come or not.

whether는 「~인지 어떤지」라는 의미의 접속사지요. 어디서 본 적 있지요? 위의 문장을 보면 알 수 있듯이 that절과 마찬가지로 명사절의 역할을 하며 여기서는 목적어의 역할을 하고 있는 것을 알 수 있지요. 그리고 if에도 「만약~」이라는 뜻 외에 whether와 같이 「~인지 어떤지」라는 의미가 있는 거 알지요?

- I don't know if he will come.

그럼 다음 문장은 어때요?

- I don't know why he is angry.

이런 문장을 「간접의문문」이라고 배운 적 있지요? 부르는 이름이야 아무래도 상관없지만 why he is angry의 부분이 「왜 그가 화를 내고 있는지」라는 의미의 명사절이 되어있으며 know의 목적어가 되어있지요. why 뿐만이 아니지요.

- I don't know where he went.

「그가 어디에 갔는지 나는 알지 못한다.」라는 뜻이며 what이든 when이든 모든 의문사가 that절의 that과 마찬가지로 명사절을 만드는 접속사로서 사용할 수 있다는 점을 알아두었으면 합니다.

제7회 명사절이란 무엇인가?

명사절의 주어에는 it를 쓸 수 있다

이런 명사절은 명사의 역할을 하기 때문에 주어로도 쓸 수 있어요. 예를 들면,

- Where he went doesn't matter.

이런 문장에서는 Where he went「그가 어디에 갔는지」라는 명사절이 doesn't matter「문제가 되지 않는다」의 주어가 되었지요?

> Where he went doesn't matter.
>   S

그러니까 이렇게 사각형으로 한 묶음으로 만들어서 읽도록 해요. 그리고 이 문장은 가주어 it을 사용해서 고쳐쓸 수도 있습니다.

> It doesn't matter where he went .
> 가주어   진주어

여러분이 "it ... that" 구문이라 부르는 게 맞지 않다는 거 알겠어요? "it ... that" 구문 뿐만 아니라 "it ... where" 구문도 있으니까요. 그 외 앞에서 들었던 명사절이 주어가 될 때는 모두 it을 사용할 수 있답니다.

주의! 요컨데 명사절에 대해 정확하게 이해하되, 명사절이 주어가 될 때는 가주어 it을 쓸 수도 있다고 외워두는 것이 단순히 "it ... that" 구문이라고 외우는 것보다 훨씬 응용도 되고 좋다는 것입니다.

그럼 명사절과 부사절을 배웠으니 정리해둘까요?

> ① 명사절을 만드는 접속사
>
>   that ... 「~라는 것」
>
>   whether / if 「~인지 어떤지」
>
>   기타 where, why, when 등의 의문사
>
> ② 부사절을 만드는 접속사
>
>   because, after, until ..... 등
>
>   (중학교 때 배운 접속사)

부사절을 만드는 접속사는 대개 중학교 때 배운 것이라고 말했지만 그 이외에도 여러 가지가 있습니다. 그 부분에 대해서는 PART IV에서 다시 다루겠습니다.

아무튼 여기서 알아둬야 할 것은 ①과 ② 둘 다 뒤에 문장이 이어지므로 because도 after도 접속사이고 that이나 whether, why 등도 접속사인데 전자와 후자는 전혀 다른 종류의 접속사라는 것입니다.

부사절을 만드는 because는 예를 들어,

- He stayed home because he was ill.

과 같이 He stayed home「그는 집에 있었다」라는 문장과 he was ill「그는 아팠다」라는 문장을 합친 것이지요.

그에 비해 명사절을 만드는 접속사는 아까 나온 문장처럼,

- That he will come is certain.

□□□□□□ is certain.「~은 분명하다」라는 문장의 주어 부분에 he will come「그가 온다」라는 또 하나의 문장이 끼워진 형태가 되어있습니다.

어느 쪽이 쉽냐고 하면 당연히 부사절이 쉽지요. 끊는 부분이 명확하다고 할까요. 그래서 중학교 때 다루는 접속사는 부사절이 많은지도 몰라요. 하지만 고등학생이 되면 그것 가지고는 안 되는 것이지요. 또 하나의 「끼워넣는 형」의 접속사, 즉 명사형의 접속사도 독해할 수 있어야 합니다. 그러기 위해서는, 또 다시 되풀이하지만 명사절을 「한 묶음」으로서 □□□□□로 둘러주면 알기 쉬워지는 것이지요.

그럼 주제문으로 돌아갑시다.

> How he did it is not clear.

이런 문장을 보고 "... it is not clear."라는 부분이 먼저 눈에 띈다면 아직 멀었어요. 의문문도 아닌데 문장이 How로 시작되고 있단 말이에요. 그렇다면 이 how는 명사절을 만드는 것일 테지요. 이 문장의 주어는 how가 만드는 명사절입니다. 그럼 □□□□□로 둘러서 묶어볼까요?

> How he did it is not clear.
>   S

이렇게 둘러줬나요?

 ▶ 그가 어떻게 그것을 했는지는 분명하지 않다.

자, 그럼 연습문제를 풀어보세요.

연습문제 07

명사절을 ☐로 표시한 후 우리말로 해석하시오.

(1) Why he didn't say anything about it is not clear.

(2) That smoking is harmful to health is now known to everyone.

(3) He wrote in his letter why he didn't want to come to the party.

(4) How good you are at English makes no difference.

[해답편 p.267]

제8회 명사절과 부사절
1인 2역의 접속사를 주의하자

주제문	▶ Her father decides when she goes out and even if she goes out at all.
잘못된 해석	▶ 그녀가 나가더라도 그녀의 아버지는 그녀가 나갈 때 정한다.

1인 2역의 접속사란?

중학교 때부터 알고 있는 부사절에 비해 명사절은 조금 어렵다는 걸 앞에서 실감했을 겁니다. 이번에 다루는 사항은 모든 접속사가 명사절을 만드는 것과 그렇지 않은 걸로 명확히 나누어지는 게 아니라는 겁니다. 무슨 말이냐면 명사절도 만들 수 있고 부사절도 만들 수 있는 1인 2역을 하는 접속사가 있다는 것이지요.

무슨 말인지 모르겠지요? 다음 두 문장을 비교해 보세요.

① When he will come isn't clear.
② When he came, I was talking a bath.

둘 다 when이라는 접속사를 사용하고 있지만 역할이 전혀 다르며 우리말 해석도 달라진다는 점 알겠어요?

①번 문장은 When he will come이라는 절이 끝나면 바로 isn't라는 동사가 오지요. 그렇다면 이 부분이 주어라는 말입니다. 즉 여기서 when은 명사절을 만들고 있다고 할 수 있습니다.

> When he will come isn't clear.
>   S

　이 명사절을 「그가 언제 오는지」라는 느낌으로 해석하면 「그가 언제 올지는 확실하지 않다.」라고 매끄럽게 해석되지요. 이것은 앞에서 했던 거예요.
　그런데 ②번 문장은 when he came이라는 절을 빼버리더라도 I was taking a bath.「나는 목욕하고 있었다.」로 문장이 제대로 성립되지요? 그렇다면 이것은 부사절이에요. 「끼워넣기」가 된 게 아니거든요.
　어때요? 곰곰이 생각하면 중학교 때 when은 「~할 때」라는 뜻으로 배웠지요? 중학교 때 배웠다는 건 부사절을 만드는 when입니다. 이것은 「그가 왔을 때 나는 목욕하고 있었다.」라고 해석할 수 있을 겁니다.
　정리하자면 when에는 두 가지가 있으며 명사절이면 「언제 ~할지」라고 해석하고 부사절이면 「~할 때」라고 해석하는 것이지요. 문제는 해석에만 있는 게 아니에요. 대개 부사절에 더 익숙하지요. 그래서 when의 절이 끝나면 그 뒤에 문장이 이어질 거라 무의식중에 예상하고서 문장을 읽어 내려가게 되는 겁니다.

> When he came, | I was taking a bath.
>   When의 절이 끝나면 새로 문장이 이어지다……

　그렇기 때문에 명사절의 when이 주어가 되는 문장을 보면 when의 절이 끝나고 갑자기 동사가 나오는 문장을 맞닥뜨리게 되면 놀라게 되는 것이지요.

> When he will come | isn't certain.
>   When의 절이 끝나고 갑자기 동사……

아마 여러분 중에도 있을 거예요. 어느 쪽 when이 나와도 구문을 정확히 파악하기 위해서는 두 종류의 when이 있음을 늘 염두에 둘 필요가 있답니다.

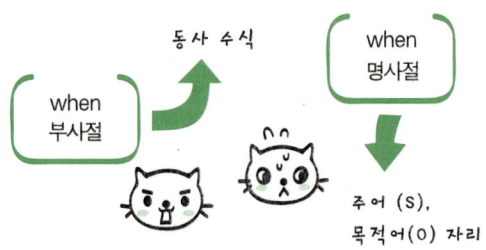

if와 whether의 두 얼굴

when과 같이 명사절과 부사절의 두 얼굴을 가진 접속사는 또 있습니다. 여기서는 기본적인 것으로 if와 whether에 대해 배워둡시다.

먼저 if부터 살펴 볼게요.

- I will be happy if you come to see me tomorrow.
- I asked him if he would come to see me the next day.

위의 문장은 if에서 뒤를 빼버리더라도 「나는 기쁘게 생각할 것이다」라는 제대로 된 문장이 성립됩니다. 그렇다면 이 문장의 if절은 부사절이지요. 부사절을 만드는 if는 배웠던 대로 「만약」입니다. 「만약 내일 당신이 나를 만나러 온다면 나는 기쁘게 생각할 것이다.」라고 해석할 수 있겠지요?

그런데 아래쪽 문장은 어떨까요? if는 「만약」이라고 해서 「만약 다음 날 그가 나를 만나러 온다면 나는 그에게 물었다.」라고 해석하면 안 되겠지요? 도대체 무엇을 묻는데요?

여러분이 생각해야 할 점은 ask라는 단어가 「묻다」의 뜻이니까 뒤에 두 개 명사가 와서 각각 「누구」에게 「무엇」을 묻는지 쓰여 있겠구나 하는 거예요. 그러나 아까 문장은 I asked him...「나는 그에게 물었다」까지는 있었지만 그 뒤에 바로 if절이 이어져있어요. 그렇다면 이 if절 자체가 「무엇을」에 해당된다는 것이지요. 즉 명사입니다. 그런데 명사절의 if는 뭐라고 해석해요? 「~인지 어떤지」였지요? 「그가 다음 날에 나를 만나러 올지 아닐지를 나는 그에게 물었다.」가 됩니다.

정리하면, if는 부사절로 「만약」, 명사절로 「~인지 아닌지」라고 되는 것이지요. 그럼 마지막, whether는 어떨까요?

① Whether he is rich or not doesn't matter.
② Whether he is rich or not, I like him.

두 문장 모두 whether he is rich or not의 부분이 절이 되어있음을 알 수 있지요? 그 부분을 사각형으로 둘러봅시다.

Whether he is rich or not doesn't matter.
Whether he is rich or not, I like him.

그렇게 하면 금방 알 수 있듯이 ①번 문장은 사각형 바로 뒤에 doesn't...로 동사가 이어져 있으므로 이 사각형의 묶음은 주어가 아니면 이상합니다. 그래서 이건 명사절이 됩니다. 명사절의 whether는 아까 나온 if와 마찬가지로 「~인지 아닌지」였지요? 「그가 부자인지 아닌지는 문제가 되지 않는다.」라고 자연스럽게라고 우리말로 고칠 수 있네요.

②번 문장은 whether의 절이 끝나고나서 다시 I like him이라고 완전한 문장이 이어져요. 그래서 이것은 부사절입니다. 부사절의 whether는 무슨 뜻

이죠? 모르겠나요? 아직 배우지 않았을지도 모르겠네요. 하지만 매우 중요하기 때문에 이 기회에 익혀두세요. 부사절의 whether는 「양보」를 나타낸다고 하는데 「비록 ~라도 또는 그렇지 않더라도」라고 해석합니다. 즉 「비록 그가 부자라도 또는 그렇지 않더라도 나는 그를 좋아한다.」가 되는 것이지요.

정리해둘까요?

> **정리!** whether는 명사절일 때 「~인지 아닌지」, 부사절일 때 「비록 ~라도 또는 그렇지 않더라도」입니다.

그럼 주제문으로 돌아갑시다.

> Her father decides when she goes out and even if she goes out at all.

이 문장을 읽을 때 먼저 알아차려야 할 것은 decide는 「정하다」니까 의미상으로 봤을때 당연히 「무엇을」 정하는지 쓰여져 있어야 한다는 겁니다. decide의 뒤에는 명사가 올 것이고 그렇다면 when...은 명사절입니다. 「언제 ~하는지를 정하다」가 되겠지요. 「~할 때 정하다」라는 식으로 부사절의 when으로 해석하면 곤란합니다.

자, 그럼 이걸로 전반부는 해석이 되었지요? 「그녀의 아버지는 그녀가 언제 나가는지를 정한다」......아버지가 엄하시네요.

그 다음에 and가 오고 even「~조차」는 부사니까 잠깐 빼버리면 그 뒤에 if절이 이어지네요.

> **주의!** 여기서 주의할 게 PART III에서 자세히 다루겠지만 and는 예를 들어, Mike and Tom「마이크와 톰」이나 read and write「쓰고 읽다」 등과 같이 명사면 명사끼리, 동사면 동사끼리를 이어주는 역할을 합니다. 이 경우 and는 명사절의 when과 마찬가지로 명사절의 if를 이어주고 있습니다.

```
              when she goes out
Her father decides    and
    S        V    if she goes out
                        O
```

이와 같이 「그녀의 아버지는 ☐ 와 ☐ 를 정한다」가 되는 게 아닐까 생각하게 되는 것이지요. 그러면 아까 when이 명사절이었던 것처럼 이번 if도 명사절이고 「그녀가 나갈지 어떨지」가 되겠지요.

▶ 그녀의 아버지는 그녀가 언제 나갈지도 심지어 그녀가 나갈지 아닐지도 정한다.

자연스럽게 해석이 되었지요?

여기까지 알겠습니까? 오늘은 조금 어려웠을지도 모르겠습니다. 잘 복습해두고 연습문제도 자기 힘으로 해보세요.

연습문제 08

명사절인지 부사절인지를 잘 판단하면서 우리말로 해석하시오.

(1) When he was born is not clear.
(2) It doesn't make any difference to us when she will come.
(3) Whether you agree or not, I will marry her.
(4) He asked me in his letter if I was doing well at school.

[해답편 p.269]

제9회 what에 대하여(1)
또 하나의 관계대명사

주제문 ▶ What he talked about yesterday was interesting.
잘못된 해석 ▶ 그가 어제에 대해 이야기한 내용은 재미있었다.

의문사로 보느냐 명사로 보느냐 이것이 문제

자, 앞에서 다루었던 명사절에 대해 한 가지 주의할 점이 있습니다. 바로 what입니다.

본론으로 들어가기 전에 앞에 배운 것을 복습해 둘까요.

• I don't know where he went.

이런 문장을 앞에서도 했지요? where가 「어디~?」라는 의문사인데 여기서는 접속사로 사용되고 있습니다. 「어디에 그가 갔는지」라는 명사절을 만들고 있지요. 하지만 의문사가 아니니까 「어디에 ~했는지」라고 복잡하게 해석하지 않아도 「~한 장소(곳)」와 같이 해석해도 괜찮겠지요? 「나는 그가 나간 곳을 모른다.」처럼 말이에요.

• I don't know why he is angry.

이런 문장도 마찬가지입니다. why를 접속사일 때의 「왜」라는 뜻을 살려서 「왜 그가 화를 내고 있는지」라고 해석해도 되지만 여기서 의문사의 역할은 없어졌기 때문에 그냥 「그가 화를 내고 있는 이유」라는 식으로 명사처럼 해석해도 문제가 없을 것입니다.

그럼 what은 어떨까요?

- I don't know what he has in his hand.

what he has in his hand를 의문문처럼 해석하면 「그가 손에 무엇을 들고 있는지」가 됩니다. 하지만 원래 what은 What does he like?「그가 좋아하는 것[일]은 무엇입니까?」로 「사물」이나 「일」을 묻는 의문사이므로 「그가 손에 들고 있는 것」이라고 해석해도 되지 않겠느냐는 겁니다. 「그가 손에 들고 있는 것을 모른다.」처럼 말이에요.
　의문사를 접속사로 사용하고 있는 명사절은 이처럼 모두 두 가지로 해석할 수가 있는데 바로 이 점이 what에서는 매우 중요한 사실입니다.

- I don't know what he ate this morning.

이런 문장이라면 what he ate this morning을 「그가 오늘 아침에 무엇을 먹었는지」나 혹은 「그가 오늘 아침에 먹은 것」이라고 해석해도 둘 다 아무 문제가 없지요?
　하지만 다음 문장은 어떨까요?

- What he ate this morning was delicious.

아까와 같은 명사절이 주어자리에 왔을 뿐입니다. 하지만 「그가 오늘 아침에 무엇을 먹었는지는 맛있었다.」라고 한다면 어때요? 「무엇......」이라고 해석하려고 해도 잘 되지 않지요? 하지만 「그가 오늘 아침에 먹었던 것은 맛있었다.」라고 「...... 것」이라고 하면 해석하는 데 전혀 문제가 없습니다.
　신기하게도 what은 「...... 것[...한 일]」이라고 해석해야 할 경우가 있다는 것이지요.

주의!

- You can take what you want.

이 경우에도 「당신이 무엇을 원하는지를 가지고 갈 수 있다.」(×)가 아니라 「당신은 원하는 것을 가지고 갈 수 있다.」(○)라고 해야 자연스러운 해석이 됩니다.

이처럼 「~의 것[~한 일]」이라고 해석되는 what을 문법에서는 「관계대명사의 what」이라고 합니다. PART I에서 관계대명사의 who와 which를 배웠지요? 이 두 관계사는 중학교 때 배워서 잘 알고 있을 거예요. 하지만 관계대명사에는 하나 더 what이 있습니다. 잘 몰랐다면 앞으로도 자주 나올 테니 꼭 익혀 둡시다.

what도 명사 대용

제가 예전에 궁금하게 생각한 것은 같은 관계대명사라 하더라도 who나 which와 what은 비슷한 점이 없다는 것이었어요. which는

- the letter [which he received yesterday]

위와 같이 선행사가 되는 단어(이 경우에는 the letter)를 뒤에서 수식하는 역할을 하잖아요?

그런데 what은,

- what he received yesterday

라는 형태로 명사절이 되어 「어제 그가 받은 것」이라는 묶음을 만들게 됩니다. 그러면서 이 묶음은 아무 것도 수식하고 있지 않고요. 선행사도 없습니다. 보세

요, 전혀 다르지요? 그럼 왜 양쪽 다 관계대명사라고 부르는 걸까요?

그것은 비슷한 부분도 있기 때문이지요.

PART I에서 배웠던 화살표 작전을 기억하나요?

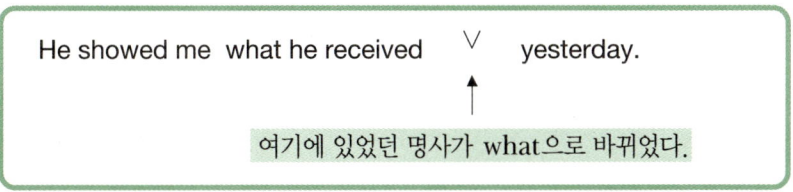

which를 관계대명사라고 부르는 것은 명사 대용이 되기 때문이었지요? what도 똑같이 명사 대용이 된답니다.

He showed me what he received ∨ yesterday.
↑
여기에 있었던 명사가 what으로 바뀌었다.

물론, what의 경우에는 선행사가 없기 때문에 어떤 명사가 what의 대용이 됐는지는 몰라요. 「그는 소포를 받았다」인지 「그는 편지를 받았다」인지...... 하지만 「소포」가 되든 「편지」가 되든 바로 그 부분이 what으로 바뀐 것입니다. 화살표 작전이 성립된다는 것, 즉 명사를 대체한다는 점에서 양쪽 다 관계대명사인 것입니다. 알겠습니까?

여기서도 사각형과 화살표 작전을 활용

그럼 질문 하나 할게요. 다음 문장을 보세요!

✖ At this school you can study what you are interested.

자, 해석해 보세요.

 「이 학교에서는 당신이 관심있는 것을 공부할 수 있다.」

그래요. What you are interested라는 명사절을 「무엇……」이라고 해석하려고 해도 잘 되지 않으니까요. 「당신이 관심있는 것」이라고 해석하려고 하는 건 잘 한 거예요. 뭔가 이상하지 않나요?

 네?

이 문장을 보고 뭔가 이상하다고 생각되지 않아요?

 어?

화살표 작전을 잊은 것 아니에요?

 예?

네? 어? 예? 라니요…….

 …… "in"이 없습니다.

맞아요. 다른 사람들도 알았나요? 먼저 사각형으로 둘러봅시다.

> At this school you can study what you are interested .

그런데 만약 「당신은 역사에 관심을 가지고 있다」면 You are interested in history. 겠지요. history의 부분이 what이 되는 거니까.

> At this school you can study what you are interested in ∨ .
>
> 여기에 있었던 명사가 what이 되었다.

위와 같이 in이 없으면 문법적으로 잘못된 것이지요.
그럼 주제문을 다시 살펴볼까요.

> What he talked about yesterday was interesting.

먼저 사각형으로 둘러줍시다. 그리고 화살표도 표시하고요.

> What he talked about   yesterday was interesting.

「그는 어제 ××에 대해 이야기했다」의 「××」의 부분이 what으로 바뀐 것이지요. 그렇다면 「그가 어제 이야기한 것」이라고 해석할 수 있겠습니다. 하지만 이 부분을 「그가 어제 무엇에 대해 이야기했는지」라면 전체 문장의 해석이 어색해지지요. 해석은,

▶ 그가 어제 이야기했던 것은 재미있었다.

가 됩니다.

그럼 마지막으로 너무 어려운 질문 하나!

Do what you think is right.

알겠습니까? 먼저 사각형으로 둘러줍시다.

✗ Do what you think is right.

이렇게 두르면 안 됩니다. 심정은 이해가 가지만...... 왜냐하면 Do「해라!」가 이 문장의 동사인데 명사절 뒤에 또 is라는 동사가 오면 이상하잖아요.「~을 해라」로 끝나야지요. 그렇다면,

○ Do what you think is right .

가 되겠지요. 사각형 안은 어딘가 어색한 것 같지만 화살표를 표시한다고 하면 think와 is 사이가 될 거예요.

그렇지요? 그렇다면「당신은 ××가 옳다고 생각한다」라는 문장의「××」가 what으로 대체된 것이므로 이 사각형은「당신이 옳다고 생각하는 것」이라고 해석되겠지요? 그럼 이 문장의 뜻은「당신이 옳다고 생각하는 일을 해라.」(예제·답)가 됩니다. 알겠어요?

PART I에서도 이런 문장이 나온 것 기억하세요?

The book [which she said was easy] was difficult.

관계사의 괄호 안이 약간 복잡한 형태였지요? what에서도 이와 비슷하게 복잡해질 수가 있어요.

역시나 which, who와 what은 매우 닮았다고 생각되지 않나요?

아직 「what」에 대해서는 완전히 납득하고 있지 않는 것 같군요. 하지만 어쨌든 what을 보면 다음의 순서로 생각하면 좋겠습니다.

정리!
① 사각형으로 두른다.
② 어디에 있던 명사가 what으로 바뀌었는지 화살표를 표시한다.
③ 「무엇」 「~한 것(일)」 중의 어느 쪽으로 해석할지 생각해 본다.

다음 회에서 what에 대해 좀 더 이야기할 테지만 우선 연습문제를 위의 순서로 풀어보세요.

연습문제 09

what의 역할에 주의하면서 우리말로 해석하시오.

(1) He talked about what he watched on TV.
(2) He exchanged what he had with him for that knife.
(3) What is certain now is that the world is getting warmer and warmer.
(4) What you think is interesting is not always interesting to other people.

[해답편 p.269]

제10회 what에 대하여(2)
what을 사용한 관용표현을 배우자

주제문 ▶ Rice is in Japan what bread is in the U.S.
잘못된 해석 ▶ 쌀은 일본에 있고 빵이 미국에 있는 것이다.

what의 「숙어」를 이해하자

앞에서 배웠던 what을 이번에는 조금 더 심화시켜 봅시다! what에는 관련된 「숙어」가 여러 가지 있어요. 하지만 「숙어」라고 해서 무조건 외우기만 하면 응용할 수 없기 때문에 안 됩니다. 그러니 하나하나 이해하고 넘어가야겠습니다.

먼저 그 첫 번째로,

what we call~
what is called~ 「소위~」

어때요? 알고 있었어요? 다음과 같이 사용합니다.

- He is what we call a genius.
  그는 소위 천재다.

어떤 참고서를 보더라도 반드시 나와있는 매우 유명한 표현입니다. 하지만 그저 외우기만 하면 소용없어요. 왜 이 숙어가 그토록 유명한지 그 의미를 생각해봅시다.

먼저 명사절을 사각형으로 둘러볼까요. 한 번 해 보세요.

네. what에서 문장 맨 끝까지입니다.

그렇지. 이렇게 되겠지요.

> He is **what we call a genius**.

「그는 [   ]다」라는 것이 이 문장의 가장 큰 흐름입니다. 나머지 [   ]의 부분이 해석된다면 다 되는데 여기서 문제에 부딪힙니다. 이 사각형 안을 다시 한 번 살펴봅시다.

- what we call a genius

「우리가 천재를 부르는 것」? 「야~~천재야~~!」라고 부르는 걸까요? 설마! 여기서 앞에서 배웠던 화살표 작전을 떠올려 보세요. what we call a genius 는 어딘가에 명사가 들어가 있어야 하는 것이지요? 어디?

 call 뒤요…….

그래요.

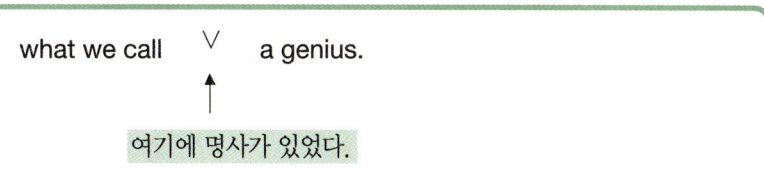

이렇게 화살표를 표시할 수 있겠지요. 여기 이 부분에 어떤 명사가 있었다고

생각하면 5형식 문장으로서 원래 call이 사용된 것이며 「우리는 ××을 천재라 부른다」라고 되어있었다고 생각할 수 있겠지요. 이 「××」가 what으로 대체된 것이므로 「우리가 천재를 부르는 것」이 아니라 「우리가 천재라 부르는 것」이라 해석될 수 있는 것입니다.

사소한 차이라 생각될지도 모르지만 그래도 이건 큰 차이에요. 「~라」라고 해석하려면 「××을 ~라 부른다」의 「××을」이 what으로 대체되어 사라져버렸다고 생각할 필요가 있으니까요.

그리고 그렇게 what의 명사절을 「세상사람들이 천재라 부르는 것」이라고 해석한다면 what we call의 뜻을 「소위」라고 외우지 않더라도 뜻은 알 수 있지요.

즉 이런 「숙어」는 화살표 작전이 대단히 중요하다! 라는 하나의 예라고 할 수 있어요. 그래서 응용할 수 없다면 암기해도 소용없답니다. 응용 예를 하나 더 들어보겠습니다.

- What she cooked me was delicious.

which를 배웠을 때 같은 문장을 다룬 걸 기억하나요? 「그녀가 나를 요리한 것은 맛있었다.」라고 해석하면 안 되겠지요.

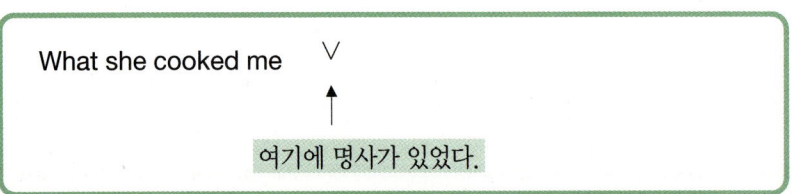

이런 식으로 생각한다면 「그녀는 나에게 ××을 요리했다」의 「××」가 what이 된 것이므로 「그녀가 나에게 요리해 준 것은 맛있었다.」가 되지요.

be동사가 있을 때는 우리말을 변형시켜서 해석하자

그럼 하나 더 「숙어」를 배워볼까요.

> what he is 「현재의 그」
> what he was 「과거의 그」

위의 숙어를 본 적이 있나요? 다음과 같이 사용합니다.

- He is not what he was ten years ago.
  그는 10년 전의 그가 아니다.

이것도 암기만으로는 소용없습니다. 논리적으로 제대로 이해해야지요. 사각형은 어디서부터 어디까지일까요?

 what에서부터 끝까지인가요?

그렇지요.

> He is not what he was ten years ago .

이렇게 되어 문장의 큰 흐름은 「그는 ☐ 가 아니다」가 되는 것이지요. 화살표는?

 he was의 뒤인가요?

그래요. he was ten years ago「그는 10년 전이었다」라면 무슨 말인지 알 수가 없으니까요.

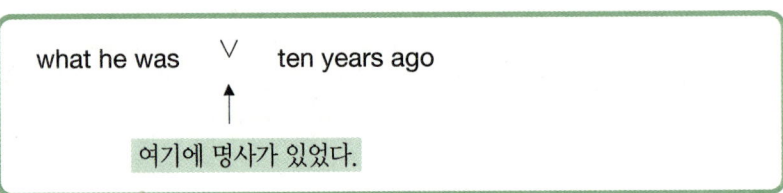

「그는 10년 전, ××였다」라고 되어있었을 텐데 그때의「××」가 what으로 대체된 것입니다. be동사는 그 자체만으로는 우리말로 해석하기가 어려워요. 「그가 10년 전이었던 것」이라고「것」을 붙여서 해석하려고 해도 어색하고. 「그는 10년 전 ××였다」의「××」가 없어졌다고 생각해서, 없어진 그 자리를 표현할 수 있게 우리말을 약간 변형시켜서「그의 10년 전의 모습」이라든지「10년 전의 그」라는 식으로 해석할 수 있을 거예요. 알겠어요?

 그럼 이와 같이 응용할 수 있는지 한 번 해봅시다.

예제　Korean society today is not what it should be.

문장의 뜻을 알겠어요? 이 문장이 왜 be동사로 끝났을까요? 이제는 알겠지요! 먼저 사각형으로 둘러주면 다음과 같이 됩니다.

Korean society today is not　what it should be .

문장의 큰 흐름은「오늘날의 한국사회는 ☐☐☐ 가 아니다」라는 것을 알 수 있습니다. 그리고 화살표 작전은 물론 be의 뒤가 되겠지요.

> Korean society today is not what it should be .

　그렇다면 사각형의 안을 생각한다면 it은「오늘날의 한국사회」를 가리킨다고 생각하고「오늘날의 한국사회는 ××이어야 한다」가 원래의 문장이었다고 볼 수 있습니다. 그러면 이것도 be동사를 사용한 문장이니까 우리말을 약간 변형시켜서「오늘날의 한국사회가 마땅히 되어야 할 모습」쯤으로 해석할 수 있지 않을까요?

　전체적으로 해석하면「오늘날의 한국사회는 본래 되어야 할 모습이 아니다.」(예제·답), 즉 사회가 약간 잘못되어있다! 그런 뜻이 되겠습니다. 알겠어요? 그래요, 좋아요.

사각형으로 둘러서 문장의 주된 흐름을 파악한다

　마지막으로 하나만 더 살펴 볼게요. 아주 어려운 문제입니다.

- A is to B what C is to D.
  A와 B의 관계는 C와 D의 관계와 같다.

이것도 유명한「숙어」입니다. 다음과 같이 사용하지요.

- Reading is to the mind what food is to the body.
  독서와 정신의 관계는 음식과 신체의 관계와 같다.
  (즉 신체를 유지하는 데 음식이 필수인 것과 마찬가지로 정신적으로는 독서가 필수라는 뜻입니다.)

이상한 문장이지요? 그렇지만 이 문장도 사각형으로 둘러주자고요.

> Reading is to the mind what food is to the body .

이렇게 되겠지요? 여기서 상기해야 할 것은 what은 명사절을 만든다는 것입니다. 이 문장은 원래,

> Reading is what food is to the body .
>   S   V   C

와 같이 명사절이 보어(C) 역할을 해서 「독서는 ☐☐☐다」라고 되어있는 거예요. 거기다 to the mind 「정신적으로」라는 문구가 끼어들고 있었기 때문에 더 헷갈렸던 것이겠지요. 이 문장은 다음과 같이 됩니다.

> Reading is (to the mind) what food is to the body .
>   S   V   C

왜 그런 곳에 끼어들고 있었냐고요? 그것은 제6회 수업 때 많이 했지요. 「독서는 정신적으로 ☐☐☐이다」라는 게 문장의 주된 흐름입니다.
이번에는 사각형 안을 들여다볼까요. 화살표는 어디에 표시해야 할까요?

🐱 is 뒤요.

아주 잘 맞췄어요! 다음과 같이 되겠지요?

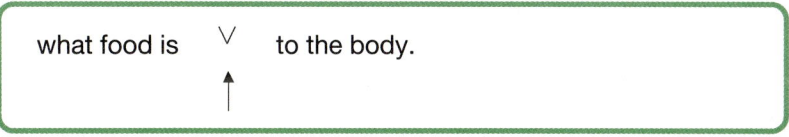

사각형 안은 「음식은 신체에 있어 [   ]이다」가 되지요. 여기의 「××」에 원래는 「중요한 것」이라든지 「기반이 되는 것」과 같은 말이 들어가 있었겠지요. 그것이 「××」가 되어버렸어요. 이것도 be동사와 관련된 것이기 때문에 우리말을 약간 변형시켜서 해석하면 「음식이 신체에서 차지하는 역할」 쯤이 될까요? 문장 전체는 「독서와 정신의 관계는 음식과 신체의 관계와 같다.」 정도로 해석할 수 있겠습니다.

what의 부분을 해석하고 나서 다른 말로 고친다

- Health is now what money was in the '80s.

자, 다음 문장은 어때요?

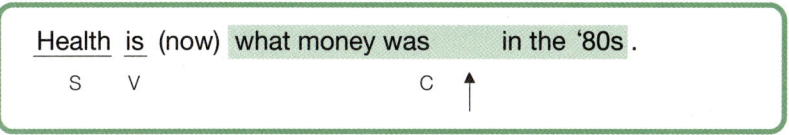

now 「지금」이라는 말이 끼어들고 있지만 문장의 큰 흐름은 「건강은 지금 [   ]이다」이지요? 그리고 사각형 안을 보고 화살표 작전에 들어가면 「돈은 80년대에는 ××였다」가 원래 문장이었다는 걸 알 수 있지요? 그러면 what 이하의 부분은 「80년대에 있어서의 돈의 역할」 정도로 해석할 수 있겠지요? 전체적으로는 「건강은 지금 80년대에 있어서의 돈의 역할을 하고 있다.」가 됩니다.

80년대는 일본경제에 거품이 심했던 시대였지요. 그래서 그때는 모두 돈, 돈 했지만 지금은 돈이 있어도 반드시 행복한 건 아니고 오히려 건강을 지키는 게 중요하다는 인식이 퍼져 건강 붐이 일고 있다는 그런 뜻이 되지 않을까요?

다시 말하면 80년대와 돈의 관계가 지금과 건강의 관계와 같다는 겁니다.
아까 나왔던 문장과 비교해 봅시다.

- Reading is to the mind what food is to the body.
- Health is now what money was in the '80s.

두 문장은 상당히 비슷하다는 걸 알겠어요? 그걸 알면 아까 나왔던 문장도 이해할 수 있을 거예요. 조금은 알겠지요? 나머지는 설명을 듣는 것보다 다시 한 번 여러분이 잘 생각하는 게 중요합니다.

그럼 주제문으로 돌아가서,

> Rice is in Korea what bread is in the U.S.

이번에는 여러분에게 맡기겠습니다. 더 설명 안 할게요. 아까 나온 두 문장과 비교해 보면 분명히 알 수 있어요!

 ▶ 한국에서 쌀은 미국에서의 빵과 같은 역할을 한다.

이렇게 되겠지요?
자, 연습문제도 풀어보도록 해요!

연습문제 10

What에 주의하면서 우리말로 해석하시오.

(1) People are sometimes surprised to find that they are not what they think they are.

(2) What we think a good medicine often does us harm.

(3) Pasta is in Italy what rice is to us.

(4) He has made this company what it is now.

[해답편 p.271]

PART 03 나열된 문구 읽기

제11회 병렬
의외로 중요한 접속사의 역할

주제문 ▶ Dogs understand many of the words, signs, and signals we produce and in turn produce many signals we can understand.

잘못된 해석 ▶ 개는 많은 말과 몸짓을 이해하고 우리는 신호를 만들어내며 또 반대로 우리가 이해하는 수많은 신호를 만들어낸다.

접속사의 뒤에는 언제나 문장이 이어진다?

자, 오늘은 병렬에 대해서 배워봅시다. 병렬이란 쉽게 말하면 and와 but과 or라는 세 단어의 용법입니다. 모두 중학교 1학년 때쯤부터 배워서 익숙한 단어겠지만 복잡한 영문을 읽을 때는 정말 많은 주의가 필요합니다.

무슨 말인지 먼저 and를 사용해서 설명할까요?

- He speaks English and French.

이 문장의 의미는 누구라도 알 수 있겠지요. 하지만 여러분에게 묻겠습니다. and는 품사가 뭔가요?

접속사인가요?

그래요, 접속사예요. 하지만 접속사는 뒤에 문장이 이어져야 하잖아요. 그런데 이 문장은 and 뒤에는 달랑 French 뿐인데 .... 왜 일까요?

 He speaks가 생략되어 있는 걸까요?

그렇게 생각했군요. 다른 학생들은 어때요? 방금 대답대로라면 다음과 같이 되겠지요.

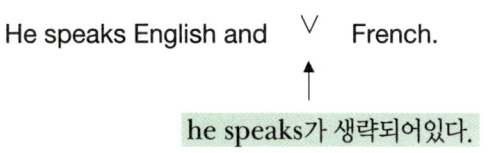

and는 단어를 나란하게 한다

위의 경우는 그렇게 생각해도 틀린 것 같지 않지만 그럼 다음 문장은 어떨까요?

- He lives and works in this city.

이 문장에서도 and 뒤에 문장이 이어져있지 않은데 이 경우도 생략된 걸까요?

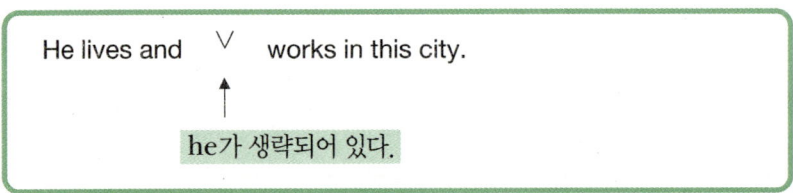

하지만 그렇게 되면 「그는 살고 그리고 그는 이 도시에서 일한다.」가 됩니다. 「그는 살아서 ......」가 뭘까요? 죽지 않고 있다는 건가요? 그런 의미가 물론 아니겠지요. 이 문장은 「그는 이 도시에서 생활하며 일하고 있다.」라고 말하고 싶은 것이니까 그렇게 표현하기 위해서는,

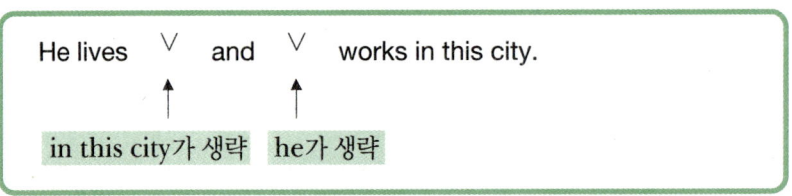

와 같이 생략된 부분 두 곳이나 보충해 주어야 하므로 그러다 날 새겠지요.

그럼 잠깐 다르게 생각해 볼까요? and는 접속사이기는 한데 because나 when과 같은 다른 접속사와는 약간 다른 「병렬의 접속사」라고 부릅니다. 어떻게 다르냐고 하면 다른 접속사같이 반드시 뒤에 문장이 이어지는 게 아닙니다. 그게 아니라 Mike and Tom과 같이 명사끼리를 이어주거나 eat and drink 같이 동사끼리를 이어주는, 즉 같은 품사의 단어를 나란하게 만드는 기능이 있다는 겁니다.

평면적으로 그려서 나타내보자

앞서 나온,

- He lives and works in this city.

라는 문장 속의 and는 lives라는 동사와 works라는 동사를 나란하게 하고 있다는 건 알겠지요? 평면적으로 나타내면 다음과 같이 되겠습니다.

```
He     | lives  | in this city.
       | and    |
       | works  |
```

　즉 lives와 works가 나란하게 되어있으며 그 부분만 두 개로 분리되었다는 겁니다. 중학교 때 과학시간에 이런 식으로 꼬마전구를 배치하는 것을 병렬이라고 배웠지요? 건전지에서 나온 전류가 두 갈래로 나누어져서 그 뒤에서 다시 합쳐지는 것과 똑같아요.
　He에서 나온 흐름이 lives와 works의 부분에서 두 개로 나누어져서 그 뒤 in this city에서 다시 합쳐지는 거예요. 그래서 and는「병렬을 만든다」고 이야기해요. 따라서 이 문장은 He lives in this city.라는 흐름과 He works in this city.라는 흐름으로 이루어졌다고 할 수 있습니다.
　어때요? 생략된 부분을 일일이 보충해서 해석하는 것보다 합리적인 방법이라는 생각 안 들어요? or나 but에 관해서도 마찬가지지만 이런「병렬의 접속사」를 보면 익숙해질 때까지는 앞에서 했던 대로 반드시 평면적으로 그려 보세요!
　언어는 우리말이든 영어든 개미가 줄서는 것처럼 일렬로 문자를 배열해가는 작업이에요. 그러면 문장이 어떻게 이루어지고 있는지 파악하기가 힘들어집니다. 그래서 평면적으로 그려서 나타냄으로서 문장이 어떻게 성립되어 있는지를 쉽게 볼 수 있게 되는 겁니다.

병렬의 맨 마지막에 한 번 and를 사용한다

병렬에서 조심해야 할 점 두 가지가 있습니다. 하나는 세 개이상의 문구가 병렬이 되는 경우입니다.

주의! 우리말에서는 세 개 이상을 나열할 때 「영희와 지혜와 희수」와 같이 「~와(과)」를 매번 반복하지요. 하지만 영어에서는 Younghee, Jeehye and Heesu라고 and를 매번 반복하지는 않습니다. 마지막 한 번만 and를 사용하는 것이지요. 네 개 이상을 나열할때도 마찬가지. "A, B, C and D"가 됩니다. 다음 문장을 볼까요.

- We burn oil, coal and natural gas found in the soil.

soil이란 단어가 어려운가요? 「토양」이라는 뜻이지요. 이런 문장을 읽을 때 영어를 잘 못하는 사람은 We burn oil, coal...까지 읽지요, 「우리는 석유와 석탄을 태우고 있다」이렇게요. 그러다 and가 있잖아요? 그럼 거기서 쉬어버리는 거예요, 「아, 힘든데 잘 됐다」라고 하면서요. 그리고 또 and가 나오니까는 「그리고...」라고 해석하기 시작하고 「천연가스는 토양에서 발견된다」처럼 해석하게 되는 거예요.

문장은 앞으로 우리가 공부를 계속할수록 더 길어지고 복잡해집니다. 그렇게 되면 될수록 and를 보면 반가워서 거기서 일단 한숨 돌리며 끊어서 읽기가 쉬워요. 하지만 and는 끊어야 하는 곳이 아니고 「마지막 한 개」가 나온다는 예고와 같은 것입니다. 만약에 끊어 읽고 싶다면 "A, B and C"의 C까지 읽고나서 쉬도록 하세요.

좀 전에 나왔던 문장도 We burn oil, coal...까지 읽었을 때 왜 콤마(,)밖에 없는지, We burn oil and coal...과 같이 and가 없는지 의아하게 생각한 학생이 있을지 모르겠어요. oil과 coal이 병렬이 되어있어서 마지막 한 개가 나올 때 and가 나올 것이라는 생각을 재빨리 할 수 있게 되었으면 합니다. 그리고 "...and natural gas"까지 읽고 「여기까지가 "A, B and C"의 형태가 되는구나!」 생각하고 아래와 같은 그림을 머리 속에 그려봅니다.

We burn	oil,	found in the soil.
	coal	
	and	
	natural gas	

「우리는 석유, 석탄, 천연가스를 태우고 있다」가 됩니다. 그리고 found는 물론 과거분사로, 세 명사 모두와 연관이 있다고 생각할 수 있지요. 따라서 해석은 「우리는 토양 속에서 발견된 기름, 석탄, 천연가스를 태우고 있다.」가 되겠습니다.

끼어들어간 부사(구)를 주의

그리고 한 가지 더 조심해야 할 것은 병렬에 부사(구)가 끼어든 경우가 있다 **주의!**

는 것입니다. 예를 들면,

- He was and still is a popular singer.

"... still is..."라고 되어있다고 해서 still이 반드시 is의 주어가 되는 건 아니겠지요? still은 원래가 「여전히」라는 부사입니다. 부사가 주어가 될 리가 없으니까 이렇게 되겠지요.

He	was	a popular singer.
	and	
	(still) is	

이 문장은 was와 is가 병렬이 되어있는 건데 거기에 still이라는 부사가 끼어든 것입니다. 그렇다면 「그는 예전에 인기가수였고 지금도 여전히 인기있는 가수이다.」라고 해석할 수 있겠지요.

그럼 주제문으로 갈까요?

> Dogs understand many of the words, signs, and signals we produce and in turn produce many signals we can understand.

「개는 이해한다......」 그러다 「이해하다」의 목적어로 "words, signs and signals"의 세 단어가 병렬이 되어있음을 재빨리 알아차려야 합니다. 그 뒤의 we produce는? 이건 PART I에서 배웠던 관계사의 생략이지요! 여기까지는 됐지요?

Dogs understand many of the	words	(which)	we produce
	signs		
	and		
	signals		

「개는 우리가 만들어내는 언어와 몸짓과 신호의 대부분을 이해한다」가 됩니다.

그 뒤는 알 것 같아요? and in turn produce...부분 말이에요. turn은 「반대로」라는 숙어지요. 그걸 몰랐다고 하더라도 "전치사+명사"의 형태가 되어있으니 괄호로 둘러줘 버리면 and (in turn) produce...와 같이 and의 뒤에는 produce라는 동사가 있으므로 and는 동사끼리 병렬이 되게 하고 있다고 상상할 수 있겠지요? <small>주의!</small>

그리고 "...produce many signals we can understand" 부분에도 관계사가 생략되었음을 알 수 있지요? 전체적으로 이런 그림이 나올 것 같아요.

Dogs	understand many of the	words	(which) we produce
		signs	
	and	**and**	
		signals	
	(in turn) produce many signals (which) we can understand.		

「개는 이해하고(understand), 만들어 낼(produce)수가 있다」라는 것이 가장 큰 흐름입니다. 「우리 인간이 만들어낸 언어와 몸짓과 신호」, 무엇을 만들어내냐하면 「우리 인간이 이해할 수 있는 많은 신호」라는 것입니다.

그림 전체를 해석해 봅시다.

▶ 개는 우리가 만들어내는 언어와 몸짓과 신호의 상당수를 이해하고 반대로 우리 인간이 이해할 수 있는 많은 신호를 만들어낸다.

어때요? 조금 복잡했나요? 하지만 병렬이 중요하다는 것 알겠지요? 충분히 이해했으면 연습문제로 넘어갑시다!

연습문제 11

병렬을 평면적으로 나타낸 후 해석하시오.

(1) We sometimes cannot sleep because we are excited by the event we have had that day or which we will have the next day.

(2) The teacher is satisfied with his students and the students with their teacher.

(3) Chameleons see with their right eye what is happening on their right and with their left eye what is on their left and when some danger approaches escape quickly.

[해답편 p.272]

제12회 동격
동등의 관계를 파악하기

주제문 ▶ Rome, capital of the ancient Roman Empire, has attracted a lot of tourists.

잘못된 해석 ▶ 로마와 고대 로마제국의 수도는 많은 관광객을 매료해 왔다.

두 개의 명사가 동등한 관계인 경우

오늘은 비교적 쉬운 주제가 되겠습니다. 쉬엄쉬엄할 수 있을 거예요. 하지만 앞의 것 못지 않게 중요합니다.

오늘은 동격에 대해서 공부할 겁니다.

앞에서 병렬을 배웠지요? 병렬과 잘 구별해야 합니다.

① Tom and Mike came to see you while you were out.
② Your friend, Tom, came to see you while you were out.

①번 문장은 「톰과 마이크가 당신이 나간 사이 당신을 보러왔다.」가 되지요. 두 가지를 병렬로 배열하는 것은 "A and B"였지요?

그런데 ②번 문장을 마찬가지로 「당신의 친구와 톰이 당신이 나간 사이 당신을 보러왔다.」라고 해석하면 안 되겠지요. 만약 그렇게 해석이 된다면 ①번 문장과 마찬가지로 Your friend and Tom... 이라고 and가 사이에 있어야겠지요. 그렇지 않고 두 명사가 단순히 나열되어 있지요? 이런 두 명사는 「동격관계에 있다」고 합니다. 주의!

「동격」이라는 것은 두 명사가 동등하다는 뜻입니다.

즉 ②번 문장은 「당신의 친구」라는 사람과 톰이라는 사람, 이렇게 두 사람이 놀라운 게 아니라 「당신의 친구」와 톰은 동일인물로 「당신의 친구, 즉 톰이......」 라고 해석해도 「톰이라는 당신의 친구가......」라고 해석해도 상관없지만 어쨌든 한 사람을 다른 말로 설명하고 있는 것뿐, 별개의 두 사람을 나타낸 게 아니라는 것을 알고 해석해야 합니다.

정리!

| A and B | ➡ | 「A와 B」 |
| A, B | ➡ | 「A, 즉 B」, 「B라는 A」 |

주제문의 해석이 어디가 잘못되었는지도 알겠지요? 「로마」와 「고대 로마제국의 수도」는 같은 것이니까,

▶ 고대 로마제국의 수도인 로마는 많은 관광객을 매료해왔다.

라고 해석해야겠지요.

명사와 명사절도 동격으로 나란히

이것만으로 끝내려면 너무 쉬우니까 조금 응용해 보도록 합시다.

- Their idea that the earth was flat proved false.

이런 문장 본 적이 있어요? 단어가 약간 어려울지도 모르는데 prove는 「~라고 판명되다」라는 뜻입니다. their idea는 「그들의 생각」이라는 주어 바로 뒤에 동사가 오지 않고 그 앞에 that the earth was flat「지구가 평평하다는 것」

이라는 that절, 즉 명사절이 왔지요?

> <u>Their idea</u> that the earth was flat proved false.
> 명사   =   명사절

명사절이란 명사의 역할을 하고 있는 것이지요? 이 문장도 their idea라는 명사와 that절이라는 명사의 역할을 하는 것과 결국 두 개의 명사가 나열되어 있는 셈이 됩니다.

앞서 나왔던 Your friend, Tom...이라는 것과 형태로 봐서는 같지요? 그렇다면 아까 「톰이라는 당신의 친구」라고 해석한 것처럼 「지구가 평평하다라는 그들의 생각」이라고 해석할 수 있겠습니다. 「그들의 생각」이 곧 「지구가 평평하다」라는 관계가 성립되니까요.

이런 것을 두고 「동격의 that절」이라고 부르기도 해요. 들어본 적 있지요? 이렇게 되는 것은 that절인 경우가 압도적으로 많기는 하지만 that절뿐만이 아닙니다. 예를 들어,

- There is no answer to the question why we live.

윗 문장에서도 the question이라는 명사와 why we live「우리가 왜 사는지」라는 명사절이 나란히 있지요? 따라서 이 둘은 물론 동격이며 「우리가 왜 사는가라는 물음에 대한 정답은 없다.」라고 해석하는 겁니다.

그래서 「동격의 that절」이라 외워둬도 좋지만 조금 더 범위를 넓혀서 말하자면 "명사+명사절=동격"이 되겠습니다.

사실은 동격에 대해서는 좀 더 자세히 다룰 필요가 있는데 그건 다음 장으로 돌리고 오늘은 간단하게 마치도록 하지요. 가끔은 이런 것도 괜찮지요? 그럼 연습문제를 열심히 해 보도록 해요.

연습문제 12

동격에 주의하면서 해석하시오.

(1) These days people talk a lot about ecology, the science dealing with relations between man and the environment.
(deal with~ : ~을 다루다)

(2) The sun gives the inhabitants of the earth, the plants and animals, heat and light.
(inhabitant : 주민)

(3) Galileo's idea that the earth goes around the sun was not accepted then.

(4) No one has yet answered the question whether we, human beings, are naturally good or evil.
(naturally : 선천적으로)

[해답편 p.273]

PART 04 복잡한 문구 읽기

제13회 | 명사+that절
관계사인가 접속사인가

주제문 ▶ He talked about the importance that our diet has to our health. (diet : 식사법)

잘못된 해석 ▶ 그는 우리의 식사법이 우리의 건강에 대해 가지고 있다는 중요성에 대해 이야기했다.

that은 동격인가 관계대명사인가?

앞에서 동격의 that에 관한 이야기를 했습니다. 그때 여러분은 의문을 갖지 않았나요? 앞에서 배웠던 동격의 that이 다음과 같은 거였지요?

• The idea that the earth is flat is wrong.

윗 문장에서 the idea라는 명사 뒤에 that절, 즉 「지구가 평평하다는 것」이라는 명사절이 와있다는 것입니다. 그리고 명사가 두 개 연속해서 나오면 동격이니 이건 「지구가 평평하다는 생각」이 된다는 것입니다.

또한 PART I에서 관계대명사가 나왔지요? 그때 관계대명사의 who나 which는 that으로 대체할 수도 있다고 배웠습니다. 다음 문장을 예로 들어봅시다.

- The idea [which they believe] is wrong.
  그들이 믿고 있는 생각은 틀린 것이다.

이 문장의 which를 that으로 바꿔서

- The idea that they believe is wrong.

라고 고쳐쓸 수도 있는 것입니다. 어때요, 좀 전에 나왔던 문장과 많이 닮은 문장이 됐다는 생각이 안 들어요?

상당히 복잡하지만 가장 중요한 것은 명사 뒤에 that...이 이어질 때는 그 that이 that절로 동격일지도 모르고 관계대명사의 which나 who일지도 모른다는 것입니다.

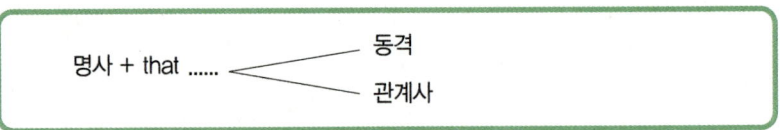

관계사의 that은 화살표 작전이 성립된다

다시 한 번 두 문장을 나란히 써볼게요.

① The idea that the earth is flat is wrong.
② The idea that they believe is wrong.

어때요? 어떻게 구별하면 될까요?

②의 관계사 that은 화살표 작전이 가능하지 않을까요?

그래요! 대단해요. 먼저 ①번 문장부터 볼까요? 동격이라면 that절이겠지요. that절은 예전에 배웠듯이 문장 앞에 that이라는 접속사를 붙인 것입니다. 바꾸어 말하면 that 뒤에 문장이 이어진다는 것입니다.

> The idea that the earth is flat is wrong.
> that 뒤에 "the earth is flat"이라는 문구가 이어진다.

이처럼 that 뒤에 「지구는 평평하다」라는 완전한 문장이 이어져 있지요. 하지만 관계사는 어떨까요?

> The idea [that they believe ∨] is true.
> 여기에 the idea가 들어간다.

이렇게 쓰면 알기 쉽겠지요? they believe만으로는 문장이 성립되지 않지요. 「그들은 믿다」라니 뭘 믿는지 쓰여져 있지 않잖아요. 거기에 the idea를 넣어주면 「그들은 그 생각을 믿는다」가 되어 문장이 성립되지요?
즉 관계사의 that은 화살표 작전이 성립된다는 것입니다. 다시 말하면 that 뒤에 명사가 하나 모자라는 문장이 이어진다고 할 수 있겠습니다.

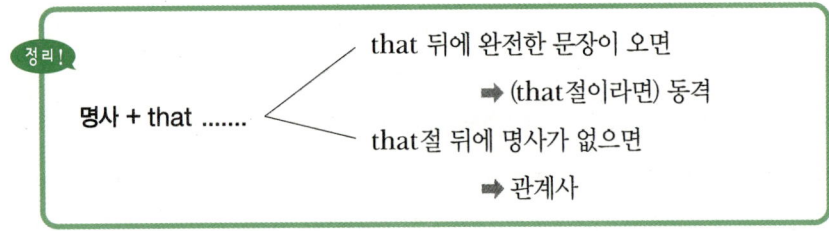

관계사인지 동격인지 구별하자

이론은 쉽지요? 그럼 잠시 연습해 볼까요. 문장을 두 개 적을 게요. 어느 쪽이 관계사이고 어느 쪽이 that절, 즉 동격인가를 맞춰 보세요.

① The rumor that he was an actor is true.
② The rumor that everyone tells is true.

자, 어때요? 참, rumor는 「소문」이라는 뜻의 명사인 것 알고 있지요?

 ①이 동격이고 ②가 관계사입니다.

쉽게 맞췄네요. 그럼 설명도 한 번 해볼까요.

 ①은 he was an actor「그는 배우였다」라는 제대로 된 문장이 이어지지만 ②는 everyone tells「모두가 말한다」라고만 되어있고 무슨 이야기를 하는지 모르니까 여기에 화살표 작전을 적용해 「소문」을 넣어주면 「모두가 소문을 말한다」가 되어 문장이 되니까요.

그래요. 잘 설명해 주었기 때문에 내가 더 이야기할 건 없지만 일단 그려볼게요.

> The rumor that he was an actor is true.
>   that 뒤에 문장이 이어진다.

> The rumor [that everyone tells ∨] is true.
>   ↑
>   여기에 the rumor가 들어간다.

어? 왜 불만이 있는 표정이에요? 잘 모르겠어요?

 아니요, 알겠는데요, 왜 둘을 구별할 필요가 있습니까?

그래요, 그렇게 말하는 사람이 많답니다. 좀 전에 나온 문장 ①은 「그가 배우였다는 소문은……」이라고 해석이 되겠지요. ②는 「모두가 말하는 소문은……」이라고 해석되고요. 그래서 「뭐야, 그럼 둘 다 똑같잖아!」라고 생각될지도 모르겠어요.

맞아요. 「둘 다 똑같은데 아무려면 어때!」라고 할 수 있어요. 하지만 역시 이 둘은 구별해 주었으면 합니다. 그 이유는 두 가지입니다.

「~(라)는」을 넣고 해석하는 것은 동격

먼저 별로 쓸모없어 보이는 이유부터 말할 게요. 별로 쓸모없어 보이는 쪽의 이유는 우리말로 해석하는 방법이 다르다는 거예요. 아까 동격 때는 어떻게 해석했더라? 「그가 배우였다는 소문」이라고 「소문」이 곧 「그가 배우였다는 것」이라는 동등한 관계, 즉 동격의 관계를 명확히 하기 위한 「이어주는 말」을 넣어서 해석하지요?

하지만 관계사는 어때요? 「모두가 말하는 소문」처럼 「~(라)는」이라는 말을 넣지 않고 해석하게 되지요? 「모두가 말한다는 소문」이라고 하면 오히려 더 말이 어려워집니다.

「~(라)는」을 넣느냐 안 넣느냐가 쓸모없어 보이는 쪽의 이유예요. 어때요? 쓸모있어 보여요?

화살표 작전이 성립되는지 해보자

하지만 한 가지 더 중요한 이유가 있어요. 다음 문장을 봐주세요.

- The time that it took to do the work was longer than we thought.

무슨 뜻일까요?

 아니!? "take to"가 뭐예요?

그렇게 물을 줄 알았어요. 그럼 이 문장은 알겠어요?

- It took three hours to do the work.

 「그 일을 하는 데 세 시간 걸렸다.」입니다.

그래요. 이처럼 「(시간 등이)걸리다, 필요로 하다」라는 뜻의 take가 있지요. 그럼 다시 한 번 아까 그 문장을 살펴볼까요? the time that it took to do the work라 되어있는데 다시 보니 무슨 느낌이 안 오나요?

 아하 그렇구나! took 뒤에 the time이 들어가는군요.

그래요, 알았지요?

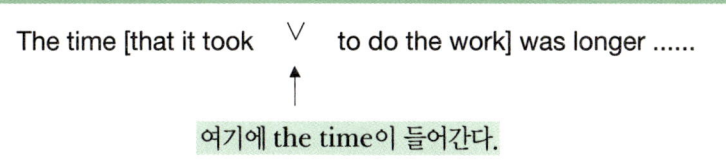

이와 같이 화살표 작전이 성립된다는 걸 알아차려야 해요. 괄호 안은 그대로 「그 일을 하는 데 시간이 걸리다」가 되잖아요? 그러니 이 문장은 「그 일을 하는 데 걸린 시간은 우리가 생각했던 것보다 길었다.」라고 해석할 수 있습니다.

알겠어요? '동격의 that도 관계사의 that도 똑같이 해석하면 되네!' 라고 하면 PART I의 관계사 항목에서 질리도록 해 본 화살표 작전이 점점 소홀해질까 봐 걱정되어서 그러는 거예요.

동격인지 관계사인지 구별하는 포인트

그러니까 동격인지 관계사인지 제대로 구별하자고 말한 거예요. 구별한다는 것은 정확한 말이 아닐지도 모르겠습니다.

좀 더 구체적으로 말하면 "명사+that"이라는 형태를 보면 일단은 관계사가 아닌가 의심하고 화살표 작전에 들어가도록 해주었으면 좋겠어요. 그러다 아무리 해도 화살표 작전이 안 되면 '어쩔 수 없다, 이것은 동격이구나' 라고 생각하는 버릇을 들여줬으면 해요.

자, 구별하는 게 얼마나 중요한지 알겠지요? 그럼 주제문으로 돌아갑시다.

> He talked about the importance that our diet has to our health.

이제 알겠지요? 아무 생각없이 「××라는 중요성」이라고 해석하는 게 아니라,

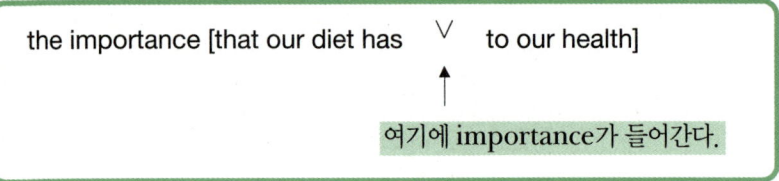

이렇게 화살표 작전이 성립된다는 걸 생각해 주자는 겁니다. 그러면 괄호 안은 「우리의 식사는 우리의 건강에 대해 중요성을 가진다.」가 되지요?

 ▶ 그는 우리의 식사가 우리의 건강에 대해 가지는(여기에 「~(라)는」이라고는 넣지 말 것!) 중요성에 대해 이야기했다.

라고 해석할 수 있겠지요? 「잘못된 해석」도 그다지 문제가 없어보이기도 하는데 적당히 넘어가다 보면 맞지 않은 우리말이 되기 쉽답니다.

그럼 이해가 되었으면 연습문제로 들어갑시다!

연습문제 13

that이 동격인지 관계사인지 구별하여 해석하시오.

(1) The dictionary is a book that we use to look up words we don't know.
(look up : 조사하다)

(2) Democracy is based on the belief that everyone is equal.

(3) There is little evidence that can convince them that they are wrong.
(convince : 설득하다, 납득시키다)

(4) There is little evidence that Korean people are truly getting better at speaking English.

[해답편 p.275]

제14회 관계부사 where
"Where = 「어디」"는 통하지 않는다

주제문	▶	There are cases where you cannot fully understand what others say.
잘못된 해석	▶	어디서 당신이 남이 하는 말을 도무지 모르는 경우가 있다.

관계부사는 관계대명사와 다르다

자, 오늘부터는 관계부사에 관한 이야기를 하겠습니다. 관계대명사에 대해서는 수 차례 이야기했지만 관계부사라는 말은 들어본 적이 있나요?

관계부사는 모두 4개가 있는데 그 중 where라는 관계부사에 대해 이야기할게요.

전에 이런 문장을 다룬 적이 있었지요?

• I am going to visit the town in which he lives.

뜻은 「나는 그가 사는 마을을 방문할 것입니다.」예요. 괄호를 달아준다면 "in which he lives"의 부분이 관계사의 묶음이 되겠습니다.

왜 in which...라고 in이 필요한지는 다 알고 있지요?

> He lives **in the town**.
> ↓
> **in the town**이 **in which**가 되었다.

이처럼 the town이라는 명사가 which라는 관계대명사로 대체되었을 때 원래 in the town은 이 문장 안에서 「부사구」라는 한 묶음의 요소이므로 the town이 which로 바뀌더라도 in the town은 붙은 채로 in which라는 형태로 함께 앞으로 나간 것이라고 설명했었지요?

다시 말하지만, which는 관계대명사지요? 그렇다면 어디까지나 명사 대용으로 밖에 쓸 수 없습니다.

따라서 in the town이라는 한 묶음의 부사구가 있는데도 그 안의 명사(the town)의 대신으로 밖에 쓸 수가 없기 때문에 in이 남게 되어 in which라는 형태가 된 것이었지요.

여기서 where라는 관계부사가 등장합니다. 「관계부사」라는 명칭에 주목해 주세요! 이름 그대로 부사, 즉 "전치사+명사"를 대체할 수 있답니다. 비교해봅시다.

주의!

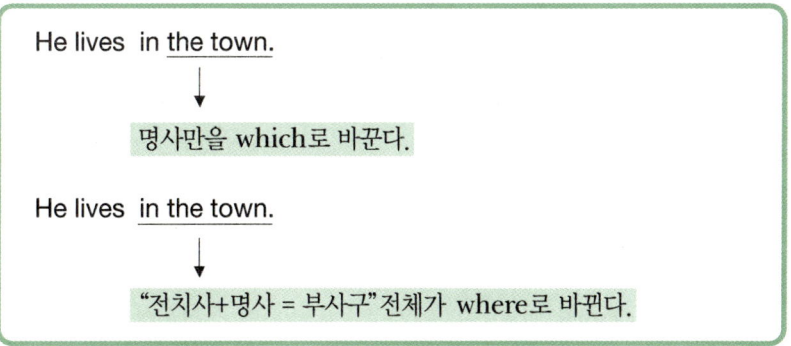

그래서 앞서 나온 문장을 이렇게도 쓸 수 있다는 겁니다.

- I am going to visit the town where he lives.

앞서 나왔던 in which he lives가 where he lives로 바뀐 것을 알 수 있습니다.

그럼 정리해둡시다.

- **관계부사 where의 용법**
  ① 선행사가 장소를 나타내는 단어일 때
  ② 관계부사이므로 "전치사+which"를 대체

관계대명사 which와의 차이를 이해하자

잠깐 문법에 관한 연습문제를 풀어봅시다.

> **괄호 안에 which나 where를 넣으시오.**
> (1) Daegu is the city (　　) he was born.
> (2) Daegu is a city (　　) many foreign tourists visit.

대답해 볼까요?

 음, (1)번이 where이고 (2)번이 which인 것 같은데요?

그래요. 맞습니다. 먼저 (1)번 문제부터 살펴볼까요?

- Daegu is the city [(　　) he was born].

먼저 괄호 안에 관계대명사가 들어가든 관계부사가 들어가든 관계사인 것은 분명하므로 관계사의 묶음을 괄호로 둘러줍시다.
그리고 그 괄호 안에 the city라는 선행사가 어떤 식으로 들어가는지, 앞에서 배웠던 「화살표 작전」으로 알아봅시다. 하지만 (1)번 문제에서는 화살표 작전에 들어갈 수가 없지요? 왜냐하면 「그는 그 마을에서 태어났다」라면 He was born in the city.가 되니까 in이 반드시 필요하기 때문입니다.

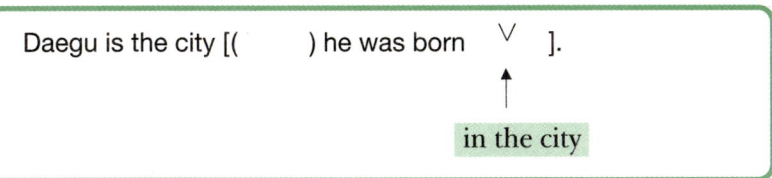

그렇다면 관계대명사 which를 써서

- Daegu is the city in which he was born.

이것이 문장으로서 성립되지 않으면 틀린 것이 되며 이것을 관계부사 where로 대체하면,

- Daegu is the city where he was born.

이 됩니다. 그래서 (1)은 where가 정답입니다.
(2)번 문제는 어떨까요? visit는 타동사지요? 그래서 (1)번과 마찬가지로 생각해보면,

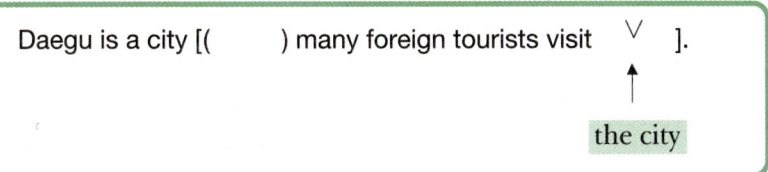

이와 같이 the city가 화살표 작전으로 visit 뒤에 들어가서 괄호 안이 「많은 외국인 관광객들이 그 마을을 방문한다.」가 되지요. 그렇다면 the city라는 명사를 대체하는 관계대명사인 which를 쓰면 됩니다. 그래서 (2)번은 which가 정답이 되겠습니다.

알겠습니까? 여러분은 중학교 때 「선행사가 사람일 때 who를 사용한다. 선행사가 사물일 때 which를 사용한다」라고 배웠을 테지요. 그래서 where일 때에도 나도 모르게 「선행사가 장소를 나타내는 단어일 때」를 지나치게 의식하기 쉬운데 「where는 관계부사니까 전치사 + which의 역할을 하는 것」이라 생각하는 게 더 중요하답니다.

where는 장소 이외에도 쓸 수 있다

더욱 중요한 것은 「장소를 나타내는 단어」는 확대해석할 수 있는 여지가 상당히 많다는 겁니다.

보통 「장소를 나타내는 단어」라고 하면 국가나 도시, 마을 등을 연상하게 되지요. 그런데 「~에 있어서는」이라는 말 쓰지요? 「한국에 있어서는」 「이 지역에 있어서는」처럼 장소를 나타내는 단어와 함께 붙여서 쓰입니다. 예를 들면, 「이런 경우에 있어서는」이라든지 「이 점에 있어서는」, 「이런 상황에 있어서는」과 같은, 엄밀하게 말하면 장소를 나타내는 단어가 아닌데도 함께 사용하는 경우도 있습니다.

영어도 마찬가지입니다. the point(점), the case(경우), the situation(상황) 등의 말들은 장소를 나타내는 단어로 간주된다는 겁니다. 이렇게 말해도 감이 안 잡힐 테니 실제로 한 문제 더 풀면서 생각해 보도록 해요.

괄호 안에 which나 where를 넣으시오.
(1) This is the point (   ) I can't understand.
(2) This is the point (   ) we are different.

어때요? (1)번은 「이것이 내가 모르는 점이다.」이고 (2)번은 「이것이 우리가 다른 점이다.」입니다. 우리말로 하면 둘 다 별 차이 없어보이지만 전에 이야기했었지요? 우리말에는 전치사라는 게 없기 때문에 which나 "전치사+which"나 우리말로 비슷하게 해석이 된다고요. 하지만 바로 이 점이 문법문제를 푸는 데 있어 함정이 되는 셈이에요.

the point「점」이 선행사가 되잖아요? 「점」은 사물이니까 which야! 아니야, 「이 점에 있어서」라고 말할 수 있으니까 장소를 나타내는 단어라고 볼 수도 있어, 그러니까 where지! 이런 식으로 지레 짐작해서 답하지 말고 우선 화살표 작전에 들어가보는 게 중요해요. 자, 그랬더니 어때요? 알겠어요?

 (1)번이 which이고 (2)번이 where인가요?

그렇습니다! 어느 쪽인지 아직 헤매고 있는 사람이 있네요? 그럼 힌트입니다.

- I can't understand the point.
  나는 그 점이 이해가 안 된다.

- We are different in the point.
  우리는 그 점에 있어서 다르다.

이제는 알겠지요?

- **관계부사 where의 용법**
  ① 선행사가 장소를 나타내는 단어일 때
  ② 관계부사이므로 "전치사+which"를 대체
  단, ①의 조건은 확대해석이 가능하며 the point 「점」, the case 「경우」, the situation 「상황」 등 「~에 있어서」라고 말할 수 있는 단어는 모두 OK!

관계부사는 해석하지 않는다

이제 where의 문법적인 설명은 여기까지로 모두 마쳤습니다. 그럼 이 문법 지식을 독해에 정확하게 이용할 수 있어야겠지요?

문법문제를 풀 때는 관계대명사의 which와, 방금 살펴본 바와 같은 구별을 해주는 일이 중요하지만 독해에서 중요한 것은 예전에 PART II에서 배웠던 접속사와 구별하는 것입니다.

① He asked me where I lived.

위와 같은 문장이 나왔던 것 기억하지요? where는 명사절을 만드는 접속사이며 「어디에 ~하는가」라고 해석하는 거라고 했었지요?

② She put the book back where she had found it.

윗 문장은 어때요? where는 부사절을 만드는 접속사도 되며 이 때는 「~하는 곳에」라고 해석하는 거였지요?

where는 1인 2역의 접속사이고 명사절인지 부사절인지 구별할 필요가 있었지요? 그리고 그 외에도 방금 배웠던, 관계부사인 where도 있고요.

③ This is the town where he lives.

　③번 문장의 where는 ①번이나 ②번 문장의 where와 다르다는 것을 눈치 채 주었으면 좋겠어요. 명사절의 where같이 「어디에 ~하는지」라고 해석하면 어색하고 부사절의 where같이 「~하는 곳에」라고 해석해도 우리말이 이상해지지요?
　그럼 관계부사 where는 어떻게 해석할까요? 이 점이 중요한 포인트인데요, 관계부사는 해석하지 않는다는 걸 기억해주었으면 합니다.
　예를 들면, the man whom I know라고 해서 「내가 아는 남자」가 되지요. whom은 문법적으로는 중요하지만 우리말로 해석될 수가 없어요. 일반적으로 관계사는 우리말로 해석할 때는 자취를 감춰버리는 것이 숙명이라고 할 수 있습니다.
　아까 나온 문장도,

- This is the town in which he lives.

라고 되어 있었다면 「이곳은 그가 사는 마을입니다.」라고 해석하고 in which는 따로 해석하지 않지요? 그렇다면,

- This is the town where he lives.

라고 바꿔더라도 where he lives의 부분은 「그가 사는........」이라고만 해석하고 where는 따로 해석하지 않고 the town을 수식해주면 되는 겁니다.
　너무 당연한 이야기인데 의외로 여러분이 이것을 잘 못해요. 하나의 영단어에는 반드시 하나의 우리말이 대응되어야 이해가 되나봐요. 그래서 해석 안 해도 되는데 where를 보면 「어디」라든지 「~하는 곳」이라고 해석하고 싶어지는 거예요. 해석 안 하는 where도 있다는 것을 꼭 기억해주기를 바랍니다.

그럼 다시 한 번 세 가지 where를 나열해 보겠습니다. 잘 살펴보고 완벽하게 이해하고 넘어가도록 하세요.

① He asked me where I lived.
그는 나에게 내가 어디에 살고 있는지 물었다.
② She put the book back where she had found it.
그녀는 그것을 발견했던 곳에 그 책을 되돌려놓았다.
③ This is the town where he lives.
이곳은 그가 사는 마을입니다.

where에는 세 가지가 있다

이렇게 이야기하고나면 반드시 받게 되는 질문이 있는데 그것은, '어떻게 구별하면 될까?' 하는 거예요.

그런 질문을 받으면 솔직히 곤란합니다. 답변하기 싫은 마음이랄까. 구별법이 없는 건 아니에요. 예를 들어, 관계부사 where 앞에 장소를 나타내는 단어가 있다는 등. 하지만 문법에서 설명했다시피 장소를 나타내는 단어라 하더라도 상당히 확대해석되는 경우도 있으니까 언제나 금세 구별할 수 있는 것은 아닙니다.

결국은 한 마디로 where라고 해도 종류가 세 가지가 있다는 걸 일단 인식하고, 그 후에 여러 가지 경우의 where를 실제로 접하면서 '이 where는 이렇게 해석하는구나' 와 같이 스스로 익숙해져서 구별할 수 있게 되어야 하는 것입니다. 나는 여러분이 지나치게 매뉴얼주의자가 되는 걸 원치 않아요.

그럼 주제문으로 돌아갑시다.

> There are cases where you cannot fully understand what others say.

이제 알겠지요? 이것은 There are cases「경우들이 있다」라고만 하면 어떤 경우가 있는지 전혀 알 수가 없으므로, where 이하가 관계부사가 되어 그「경우」라는 말을 수식해주고 있는 것입니다. 따라서 where 자체는 해석하지 않고 「~의 경우」라는 식으로 해석해주면 되겠습니다.

바른 해석은,

 ▶ 다른 사람들이 하는 말을 도무지 이해할 수 없는 경우들이 있다.

그럼 연습문제를 풀어볼까요? 세 가지 where가 모두 나옵니다. 어떤 where 인지 생각하면서 우리말로 잘 해석해보세요.

연습문제 14

where가 어떤 역할을 하는지 생각하면서 해석하시오.

(1) Put the book where you have found it.
(2) Have you ever been in a situation where you know that your friend is angry with you but you don't know why?
(3) He asked me where I bought that book.

[해답편 p.276]

제15회 관계부사 when
when에도 세 가지가 있다!

> **주제문** ▶ I remember the day when I first met him.
> **잘못된 해석** ▶ 내가 그를 처음 만났을 때 나는 그날을 기억하고 있었다.

when도 "전치사+which"를 대체한다

앞에서 배운 관계부사 where에 이어 이번에는 관계부사 when에 관한 이야기를 하겠습니다. where를 이해하고 있다면 when도 비슷한 것이니까 금방 이해할 수 있을 거예요.

먼저 문법적인 설명부터 할 게요.

• 관계부사 when의 용법
  ① 선행사가 때를 나타내는 단어일 때
  ② "전치사+which"를 대신하여 쓴다.

관계부사 where와는 달리 when은 선행사가 때를 나타내는 단어, 즉 계절이나 날짜, 월 등의 단어일 때 쓰는 건데 중요한 것은 where와 마찬가지로 어디까지나 관계부사이므로 "전치사+which"와 같은 기능을 한다는 거예요. 그럼 다음의 문법문제를 풀어볼까요.

> 괄호 안에 which나 when을 넣으시오.
> (1) Summer is the season (　　) we go swimming.
> (2) Summer is the season (　　) comes after spring.

둘 다 「여름은 계절이다」라는 것이 문장의 가장 중요한 흐름이고, the season 「계절」이 선행사가 되어 관계사가 따라오지요. (1)번 문장은 「우리가 해수욕하러 가는 계절」, (2)번 문장은 「봄 뒤에 오는 계절」이라고 해석되는 것 같다는 느낌은 들지요?

그럼 풀어봅시다.

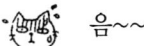 음~~

어? 모르겠어요? 앞에서 복습을 안 했군요. 그럼 「그 계절에 우리는 수영하러 간다.」를 영어로 해보세요.

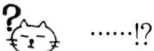 ……!?

We go swimming … 의 뒤에 어떻게 the season을 붙이면 좋을까요?

in the season?

그럼 어떻게 될까요?

Summer is the season [in which we go swimming].

그렇다면?

Summer is the season when we go swimming.

맞아요. 그럼 (2)번도 풀어보세요.

(2)번은 당연히 which가 되겠지요.

어? 답을 찍었군.

아니에요~! 「그 계절은 봄 다음에 온다.」가 The season comes after spring.이고 화살표 작전으로 the season이 주어로 전치사를 붙이지 않고도 제대로 문장이 되잖아요.

잘 알고 있네요!

그래요, 앞서 배웠던 where와 마찬가지로 선행사가 the season이라는 시간을 나타내는 단어라도 문법적으로 which와 when을 구별해서 사용해야 하는 겁니다.

두 종류의 when과 관계부사의 when을 구별한다

자, 또 다시 독해에 대한 응용에 대해 생각해 봅시다. PART II에서, when이 명사절과 부사절로 1인 2역의 활약상을 보여준다고 배웠던 것을 기억하나요? 접속사로서 명사절을 만들거나 부사절을 만드는 두 종류의 when과 관계부사의 when을 구별하는 것이 여기서도 중요합니다.

그럼 일단 접속사의 when을 복습해 볼까요.

① I don't remember when he came to see me.
② I was taking a bath when he came to see me.

자, 차이를 확실히 부각시켜서 해석해 보세요.

음, ①번은 when부터 뒤가 remember의 목적어가 되어있어 명사의 역할을 하고 있기 때문에 「나는 언제 그가 나를 보러왔는지 기억하지 못한다.」가 됩니다.

그래요. 계속해봐요.

②번은 when의 뒤를 빼더라도 I was taking a bath가 되어 「나는 목욕을 하고 있었다」로 문장이 성립되기 때문에 when부터 뒤에

는 부사절입니다. 그래서 「그가 왔을 때 나는 목욕을 하고 있었다.」가 됩니다.

설명까지 정확하게 해주었어요. 아주 좋습니다.
지금 설명해주었다시피 when은 원래 두 가지 종류가 있는데 거기다 관계부사의 when까지 있어 우리를 귀찮게 하는 겁니다. 그럼 관계부사 when을 살펴볼까요?

- I wasn't at home on the day when he came to see me.

어떻게 될까요?

 「그가 나를 보러왔던 날에 나는 집에 없었다.」

그렇습니다.
이 when은 on which와 같다는 걸 알 수 있지요.

I wasn't at home on the day (on which he came to see me ∨).

여기에 있었던 on the day가 on which가 되었다.

관계부사 when은 해석하지 않는다

만약에 이와 같이 되어있으면 「나는 그 날 집에 없었다」라는 문장과 「그는 그 날 나를 보러왔다」라는 문장이 합쳐져 있는 것이므로 「그가 나를 보러왔던 날

나는 집에 없었다.」라고 해석이 되겠지요? on which는 문법상으로는 중요하지만 우리말로 해석할 때는 무시하면 됩니다.

여기서 which를 when으로 바꾸면,

> I wasn't at home on the day (when he came to see me).

따로 when의 괄호는 the day를 수식하고 있을 뿐이므로 when은 우리말로 해석하지 않고 「그가 나를 보러온 날」이라고 해석하면 되는 것입니다.

혹시 모르니까 방금 다룬 세 문장을 나열해 볼게요. 잘 비교해 보세요. 그러고나면 여러 가지 when이 들어가있는 연습문제를 풀어보도록 하세요.

> ① I don't remember when he came to see me.
> 나는 그가 언제 나를 보러왔는지 기억하지 못한다.
> ② I was taking a bath when he came to see me.
> 그가 나를 보러왔을 때 나는 목욕을 하고 있었다.
> ③ I wasn't at home on the day when he came to see me.
> 그가 나를 보러왔던 날 나는 집에 없었다.

아이구, 잊어버릴 뻔했군요! 주제문을 다시 한 번 살펴봐야지요.

> I remember the day when I first met him.

이것도 관계부사의 when이지요. 「나는 그날을 기억한다」에서 「그날」을 수식하는 것이 when 이하의 역할입니다. 따라서 해석은 다음과 같습니다.

▶ 나는 처음으로 그를 만났던 날을 기억한다.

연습문제 15

when의 역할에 유의하면서 해석하시오.

(1) Our boss will decide if we have to work next Sunday and in that case when we have to come to work.

(2) June is the month when we have a lot of rain in Korea.

(3) I don't know when I will finish the job. But when I finish, I will call you.

(4) The day will soon come when we can travel to the moon.

[해답편 p.277]

제16회 관계부사 why와 how
나머지 두 개의 관계부사도 익혀두자

주제문 ▶ He told me the reason why he was late.
잘못된 해석 ▶ 그는 왜 그가 늦었는지 그 이유를 나에게 말했다.

선행사는 the reason으로 당첨!

이번에는 나머지 두 개의 관계부사인 why와 how를 한꺼번에 배웁시다! 앞에서 나왔던 where와 when을 잘 이해했다면 전혀 어려운 것은 없을 거예요. 먼저 why부터 살펴 볼게요.

- **관계부사 why의 용법** 정리!
  ① 선행사는 the reason 「이유」뿐
  ② 관계부사이므로 "전치사+which"를 대신해서 사용된다.

선행사의 조건이 엄청 엄격한 걸 알 수 있지요? 지금까지 배운 바와 같이 때를 나타내는 단어나 장소를 나타내는 단어처럼 막연하지 않으니까요. "the reason"을 선행사로 지명한 거나 다름없으니 말이에요. 따라서 독해할 때는 the reason이 나오면 관계부사의 why를 주의!하는 것이 거의 공식이라 알기가 쉬워서 편하답니다.

늘 하는 문법문제로 ②의 조건도 확인해둡시다.

   괄호 안의 why나 which를 채워 넣으시오.
   (1) He told me the reason (   ) he was late.
   (2) He told me the reason (   ) kept him from coming.

자, 그럼 대답해볼까요.

 네. 둘 다 He told me the reason「그는 나에게 이유를 말했다」인 거지요? 그 뒤는 그 「이유」, the reason이 선행사가 되어서 관계사의 묶음이 와있기 때문에 화살표 작전에 들어가니 (1)번 문장은 선행사가 필요하다는 걸 알 수 있습니다. He was late <u>for</u> the reason. 「그는 그 이유 때문에 늦었다.」가 되나요?

그렇지요.

 따라서,

- He told me the reason <u>for which</u> he was late.

그래요.

 이 for which가 why로 대체된다, 맞지요?

맞습니다. 그래서 (1)번 답은 why지요.

 (2)번의 keep him from coming은 뭔가요?

이것은 숙어로 "keep+사람+from ~ing" 「(사람)이 ~하는 것을 막다」라는 뜻이에요.

 화살표 작전으로 들어가면 The reason kept him from coming 「그 이유가 그가 오는 것을 막았다」와 같이 그대로 주어가 되기 때문에 which 입니다.

완벽합니다. 더 설명할 필요가 없을 것 같아요.

접속사의 why와 관계부사의 why

그럼 독해로는 어떻게 될까요? why는 1인 2역을 하지는 않지만 그래도 명사절을 만든 접속사로 배웠을 거예요. 그래서 접속사의 why와 관계부사 why의 차이를 잘 이해해야 합니다.

① Nobody knows why he did such a thing.
② He didn't tell the reason why he did such a thing.

①번은 명사절의 접속사이지요? Nobody knows…「아무도 모른다」가 와서 그 뒤에 「~을」이 와야 하니까요. 명사절의 why는 「왜 ~하는지」라고 해석하면 되므로 「왜 그가 그런 일을 했는지 아무도 모른다.」가 됩니다.

그래서 ②번 문장과 마찬가지로 해석해서, 「그는 왜 그런 일을 했는지 그 이유를 말하지 않았다.」라고 해석하는 사람이 많겠지요? 물론 맞는 해석입니다. 하지만 이런 해석은 영어를 가르치는 우리같은 사람들이 보면, 「얘는 관계부사에 대해서 뭘 모르는구나!」하는 생각이 들게 하지요. 관계사는 「우리말로 해석하지 않는다」라는 원칙을 상기해주세요. 「그가 그런 일을 한 이유」라고 해석해주었으면 좋겠어요.

여기서 주제문을 보면,

> He told me the reason why he was late.

「그가 왜 늦었는지 그 이유」 보다는,

 ▶ 그는 나에게 그가 늦은 이유를 말했다.

라고 하는 것이 더 매끄러운 것 같아요.

how는 the way의 뒤에 온다

마지막으로 how를 익혀둡시다.

- 관계부사 how의 용법
  ① 선행사는 the way「방법」일 때 사용된다.
  ② 관계부사이므로 "전치사+which"를 대신해서 사용된다.
  ③ how 혹은 the way 둘 중 하나만 쓰는 것이 보통이다.

이제 슬슬 다 이해했을 테니 간단하게 마무리하지만 다음 예문을 한 번 봐주세요.

- We still don't know (the way) how we learn our mother language.
  우리는 우리가 모국어를 배우는 방법을 아직 모른다.

알겠어요? 이 문장의 주된 흐름은 We still don't know the way「우리는 방법을 아직 모른다」입니다. the way「방법」이라는 어구에 관계사가 붙어있는 것입니다.
We learn our mother language in the way.「우리는 그 방법으로 모국어를 배운다.」가 되기 때문에 관계대명사 which를 쓴다면,

- We still don't know the way in which we learn our mother language.

가 되겠지요? 여기서 "in which"를 대체하는 것이 how랍니다.
이제 알겠습니까?

how는 대부분 생략된다

그런데 관계부사 how는 겉으로 나오는 일이 별로 없는 불쌍한(?) 관계부사예요. 왜냐하면 관계대명사의 who나 which를 배웠을 때 이런 관계대명사가 생략될 수도 있다고 했었는데 기억 하나요? 관계부사도 생략될 수가 있답니다. 특히 how는 아예 생략되는 일이 많아서 생략되는 게 보통입니다.

다음 문장을 보세요.

- The way children learn their own language is mysterious.

관계부사 how가 어디에서 생략됐는지 알겠어요?

 the way와 children 사이입니까?

그래요. 관계대명사 생략 때와 같은 방법으로 찾으면 됩니다. 관계사의 묶음은 어디까지예요?

 ...... language까지 인가요?

그렇지요.

- The way (how children learn their own language) is mysterious.

여기서 가장 큰 흐름은 「방법은 신기하다」이고 그 「방법」을 설명하는 「어린이들이 모국어를 배운다」는 것이 the way「방법」의 바로 뒤에 끼어들고 있는 것을 괄호로 둘러주면 되는 거예요.

> 주의!

이것은 how만 해당하는 문제가 아닙니다. 관계부사는 모두 생략될 수 있으니까요.

- The month a year begins is called January.

윗 문장에서도 관계사 when이 생략되어 있음을 알 수 있습니다.

- The month (when a year begins) is called January.

따라서 「1년이 시작하는 달은 1월이라고 한다.」라고 해석할 수 있는 것이지요. 이제 관계부사에 관한 이야기는 모두 끝났는데 여러분 잘 알겠어요?
문법적으로는 「관계대명사와의 차이를 확실히 해둘 것」 그리고 독해할 때는 「접속사와의 차이를 확실히 할 것」 그리고 생략에도 주의해서 관계대명사일 때와 마찬가지로 「괄호로 둘러줄 것」을 염두해 두세요.
이렇게 말하면 주의사항 투성이라고 싫어할지도 모르겠는데 여러분 모두 어느 정도 자신감이 붙었지요? 그럼 연습문제를 잘 풀어보세요.

연습문제 16

why나 how의 역할 또는 생략에 주의해서 해석하시오.

(1) We still don't know how we can stop the pollution.
(2) It is not clear why he didn't come to the meeting.
(3) The reasons why they want to study abroad vary.
 (vary : 다양하다)
(4) The way Korean students study English is surprising to foreign teachers.

[해답편 p.278]

PART 05 추가정보 읽기

제17회 5형식 문장(1)
두 개의 주어·술어가 조합된 문장

주제문	▶ I can't have any one of you telling a lie.
잘못된 해석	▶ 나는 아무 것도 가지고 있지 않지만 너희들 중 한 명은 거짓말을 하고 있다.

이중의 주어·술어로 이루어지다

오늘부터는 5형식 문장에 관한 이야기를 하겠습니다. 학교에서도 5가지 형식의 문장을 배우지요? 모든 영어로 된 문장을 5개로 분류하는 것 말이에요. 대단하지요? 만약에 평소 우리가 말하고 쓰는 여러 가지 문장이 모두 5개의 형태로 나누어진다면 믿기 어렵지 않겠어요? 영어로 그 어려운 이야기를 실제로 한다니 놀라운 것이지요.

우선 5개의 형태 중 1형식 문장에서 4형식 문장까지는 솔직히 독해에는 그다지 중요하지 않습니다. 하지만 마지막 5형식 문장은 독해에서도 아주 중요하니까 잘 이해해야 됩니다. 알았지요?

먼저 5형식 문장을 문법에서 조금 배운 사람도 전혀 안 배웠다는 사람도 있겠지만, 어떤 이미지를 만들어야 할 것 같아요. 5형식 문장은 세세한 지식보다는 무엇보다 이미지를 제대로 가지고 있는 것이 중요하니까요. [주의!]

다음 우리말 문장을 잘 봐주세요.

① 나는 그가 더 열심히 공부하도록 충고했다.
② 나는 그녀가 길을 걷는[걸어가는] 것을 보았다.
③ 나는 그들이 자고 있는 것을 발견했다.

윗 문장들의 해석에 공통점이 있지 않나요? 뭔지 알겠어요? 세 문장 모두 이중의 주어와 술어로 성립된 문장이라는 거예요. ①번 문장에서 예를 들면 다음과 같이 됩니다.

나는 <u>그가</u> 더 열심히 <u>공부하</u>도록 충고했다.
주   주'   술'   술

다른 문장도 모두 구조가 비슷하게 되어있습니다. 「충고하다」나 「발견하다」와 같은 동사를 술어로 사용하면 아무래도 우리말로도 진주어와 술어 외에 「또 하나의 주어와 술어」를 필요로 하게 됩니다. 이러한 또 하나의 주어와 술어를 「주어 데쉬」, 「술어 데쉬」라 부르기로 합시다.

위의 세 문장을 각각 영어로 고쳐보도록 해요.

① I advised him to study harder.
② I saw her walk[walking] on the street.
③ I found them sleeping.

어디서 본 적이 있는 문장들인가요? 하지만 선입견은 버리고 새로운 시각으로 위의 세 문장을 바라보는 거예요. 영어로도 advise나 see, find와 같은 동사를 술어로 하면 우리말과 마찬가지로 주어 데쉬, 술어 데쉬가 필요하다는 점을 알아주었으면 좋겠어요. 먼저 ①번 문장에서,

> I advised him to study harder.
> 주   술   주'   술'

다른 문장도 마찬가지지요? 이와 같이 「이중의 주어와 술어」를 가지고 있는 영어 문장을 5형식 문장이라 부르는 것입니다. 명칭이야 어떻든 상관없습니다. 우리말과 어떤 의미에서 비슷하면서도 여러 가지가 다른데 어디가 다를까요?

주어·술어의 순서와 역할을 정리하자

먼저 순서가 다릅니다. 우리말은 「주 → 주' → 술' → 술」의 순서예요. 영어는 「주 → 술 → 주' → 술'」의 순서가 됩니다. 우리말은 「나는 ……라고 충고했다」와 같이 「술」을 문장 맨 뒤에 가져오는 게 원칙입니다. 하지만 영어에서는 동사는 주어의 바로 뒤에 옵니다. I advised…와 같이 말이에요. 그러니 당연히 우리말과 영어는 순서가 달라집니다.

또 하나의 차이는 「주어」의 형태의 차이입니다. 두 번째 예문에서 보면 우리말로는 「나는 그녀가 거리를 걷는 것을 보았다」가 되어있듯이 「그녀가」라는 부분은 이 문장의 진주어가 아니라 주어 데쉬인데 「~가」라는 주어의 형태를 띠고 있지요?

그런데 영어는 I saw her walk on the street.와 같이 her라는 우리말로 하면 「그녀를」에 해당되는 목적어의 형태를 띠고 있습니다.

이것은 왜냐하면 이 문장은 원래 두 개의 문장이 합쳐져서 성립된 문장이기 때문입니다. 즉 I saw her「나는 그녀를 보았다」라는 문장과 그때 She was walking on the street「그녀는 거리를 걷고 있었다」라는 문장이 합쳐져서 앞서 나온 것과 같은 문장을 만들 때, 「그녀」라는 것이 이중의 역할을 하고 있지요? 「그녀를 보았다」와 같이 「보다」의 목적어가 되는 역할과 「그녀는 걷고 있었다」와 같이 「걷다」의 주어가 되는 역할의 이중적인 역할요.

그리고 그 중 어느 것을 우선시 하는지 언어마다 습관 같은 것이 있어서 우리말과 영어도 그 습관이 다릅니다.

우리말은 「나는 그녀가 걷고 있는 것을 보았다.」와 같이 「걷다」의 주어로서의 역할을 더 중시하고 있다고 할 수 있습니다. 반대로 영어는 I saw her walk on the street와 같이 her는 목적어의 형태를 띠므로 「나는 그녀를 보았다」에서 「보다」라는 동사의 목적어의 역할을 더 중시하고 있는 것이지요.

그것은 언어의 습관이기 때문에 "왜?"라는 이유가 없어요. 하지만 우리말에서 영어, 영어에서 우리말로 영작하고 해석할 때는 차이가 있다는 사실을 항상 의식하고 있어야 합니다. 즉 우리말로 「나는 그녀가 ······을 보았다」라고 되어 있더라도 영어로 I saw she...와 같이 고쳐서는 곤란하고 또한 I saw her...라는 영어 문장을 우리말로 고칠 때 「나는 그녀를······」로 하면 안 되는 것이지요.

당연하게 생각될지 모르지만 의외로 이 점을 제대로 의식하지 못하는 사람이 많으니까 이번 기회에 단단히 기억하도록 합시다.

술어 데쉬의 형태를 익히자

아까 나왔던 세 쌍의 우리말과 영어 문장으로 돌아가면 또 한 가지의 문제점이 발견됩니다. 그것은 술어 데쉬의 부분인데요.

예를 들어, 「나는 그가 더 열심히 공부할 것을 충고하다.」라는 문장의 영작문인 I advised him study harder.의 경우는 술어 데쉬가 to study harder와 같이 to부정사가 되어 있지요?

그런데 ②번 문장의 「그녀가 거리를 걸어가는 것을 보았다」는 I saw her walk[walking] ...과 같이 술어 데쉬는 원형이나 ~ing형이 되어 있습니다(어느 쪽이든 상관없습니다).

그리고 ③번 문장의 「그들이 자고 있는 것을 발견하다」의 경우는 I found

them sleeping과 같이 술어 데쉬는 ~ing형이 되어있습니다.

이렇게 술어 데쉬는 다양한 형태가 되며 예를 들어, advise는 to부정사이어야 한다는 등으로 정해져 있답니다. 그것을 익혀야 하는 겁니다. 귀찮게 생각될지도 모르지만 곰곰이 생각하면 우리말도 마찬가지예요.

무슨 말이냐면 예를 들어, 「충고하다」라는 단어를 사용할 때는 반드시 「××가 ~하도록 충고하다」라고 하잖아요. 하지만 「발견하다」라는 단어를 사용할 때는 「××가 ~하는 것을 발견하다」라고 하지요. 「저는 이태리에서 오~온 안토~니오라고 합~니다. 저~는 당신이 공부하고 있는 것을 충고합~니다~~!」라고 한다면 어때요?

「공부하고 있는 것을 충고하다」라는 것은 우리말이 아니지요. 반대로 「그가 먹도록 발견하다」도 이상하지요?

「~하도록 충고하다」가 되고 「~하고 있는 것을 발견하다」가 되어야지요. 안토~니오가 「그런 건 너~무 귀찮아요~~」라고 해도 안 되는 건 안 되는 것이지요. 여러분이 안토니오 친구라면 「이상하니까 고치는 게 좋겠다!」라고 말해주겠지요? 그럼 왜 이상한 걸까요?

 음~ 「공부하도록 충고하다」는 충고하고나서 공부하는 것이지만 「먹는 것을 발견하다」라고 할 때는 발견했을 때 이미 먹고 있으니까요.

그렇게 말할 수 있겠지요.

그런 이유가 있다고 쳐도, 우리말을 공부하고 있는 안토니오군은 결국은 「충고하다」나 「발견하다」와 같은 동사의 올바른 용법을 암기해야 할 거예요. 영어를 배우고 있는 우리도 마찬가지랍니다.

술어 데쉬는 4개의 그룹으로 나뉜다

하지만 하나 하나의 동사에 대해 전부 그 용법을 외우는 건 힘들겠지요? 그런데 영어에서는 술어 데쉬의 형태에 따라 같은 것끼리 4개의 그룹으로 나누어 집니다. 그 4개의 그룹이란,

- 5형식 문장을 만드는 동사
  ① 사역동사
  ② 지각동사
  ③ 경험피해동사
  ④ "tell + 사람 + to do"형 동사

이렇게 각각의 명칭이 있습니다. 어떤 하나의 동사가 어느 그룹에 속하며 그 그룹의 동사는 어떤 술어 데쉬의 형태를 필요로 하는지 이해하면서 외우지 않으면 안 되겠습니다.

"tell+사람+to do" 형 동사

먼저 "tell+사람+to do"형 동사부터 들어갈까요. 「명령하다」나 「충고하다」「격려하다」와 같은 동사는 우리말로도 「××가 ~하도록 명령하다」라는 식으로 사용되지요? 왜 「~하도록」이라고 하냐면 아까 답해주었듯이 미래의 일을 나타내기 때문입니다.

'내가 여러분에게 공부하도록 권하다.' 라고 한다면 제 권고를 듣고나서 여러분은 「어쩔 수 없다, 이제 공부해야지」하면서 공부하게 되거나 혹은 「공부하기 싫어요!」하면서 공부를 안 할지도 모릅니다.

아직 명확하지 않는 미래이면서, 「~하도록」이라는 우리말을 나타내주고 있

> 주의!

어요. 이 「~하도록」에 대응하는 것이 영어로는 to부정사라고 생각하면 됩니다. 이 그룹에 속하는 동사를 몇 개 더 알아봅시다.

> 기억!

"tell[order]+사람+to do"　　　「(사람)이 ~하도록 명령하다」
- I told[ordered] him to study harder.

"ask+사람+to do"　　　「(사람)이 ~하도록 부탁하다」
- I asked her to help me.

"want+사람+to do"　　　「(사람)이 ~하도록 원하다」
- I want you to go there.

"encourage+사람+to do"　　　「(사람)이 ~하도록 격려하다」
- I encouraged her to do her best.

"enable+사람+to do"　　　「(사람)이 ~하는 것을 가능하게 하다」
- The airplane has enabled us to travel overseas.

"force+사람+to do"　　　「(사람)이 ~하도록 강요하다」
- Business forced him to go to London.

이 표에서 정리한 동사 중에는 잘 아는 것도 있지요? 하지만 술' 에 to부정사가 오는 동사는 이것 말고도 아직 너무 많다는 것이 우리를 힘들게 하는 점이에요. 의미적으로는 「누구누구가 ××하도록 하다」와 같은 뜻인 동사는 모두 이 그룹에 속합니다.

그러니 앞으로도 학교 교과서 등에서 이 형태로 사용할 수 있는 동사가 나올 때마다 조금씩 여러분 머리 속에 기억해갈 수 있도록 해야겠습니다.

주어 데쉬의 해석은 「~가」

그리고 또 한 가지 매우 중요한 것이 있는데 아까 정리하긴 했지만 여러분들에게 확인하고 싶은 것이 있어요. 자, 다음 문장을 해석해 볼까요?

- My mother told me to clean the room.

 「나의 어머니는 나에게 방을 청소하도록 말했다.」

역시! 방금 해준 것과 같이 해석하는 사람이 참 많아요. 틀린 건 아니에요. 하지만 이런 식으로 해석하는 사람은 앞으로 영어를 싫어하게 될 확률이 높아요.
뭐가 잘못된 거냐면 방금 대답해 준 학생은 「나에게……」라고 해석했잖아요? 그게 잘못된 겁니다. 다음 문장과 비교해보면,

- My friend told me the truth.
  내 친구는 나에게 사실을 말했다.

이런 경우에는 「~에게 …을 말하다」라고 해석해도 좋지요. 왜냐하면 이것은 4형식 문장이니까요. give him a book「그에게 책을 주다」라고 해석하면 됩니다. 하지만 아까 그 문장을 다시 한 번 살펴보세요.

- <u>My mother</u>　<u>told</u>　<u>me</u>　<u>to clean the room.</u>
   　　주　　　　술　　　주'　　　　　술'

이 문장은 「내가 방을 청소하다」로 주'·술'의 관계가 성립되는 것이니까 5형식 문장이지요?
즉 둘 다 「말하다」인데 「전하다」라는 뜻일 때는 4형식 문장으로 「~에게 …을 말하다(전하다)」가 되지만 「명령하다」라는 뜻일 때는 5형식 문장, 즉 이중 주

어・술어를 가지는 문장으로서 「~가 …하도록 말하다(명령하다)」와 같이 주'를 주어답게 명확하게 「~가」라고 해석해주었으면 좋겠어요.

따라서 아까 그 문장도 「어머니는 내가(「~에게」가 아니라) 방을 청소하도록 말했다(시켰다.)」라고 해석해 주었으면 한 거예요.

너무 지나치게 세세한 게 아닌가 하고 생각하겠지요? 하지만 매우 중요해요. 왜 중요한지는 좀 더 있다가 알게 됩니다.

그럼 앞의 예문을 다시 한 번 살펴봐 주세요.

경험피해동사

그럼 이제 「발견하다」나 「내버려두다」라는 동사는 우리말로도 「××가 ~하고 있는 것을 발견하다」라고 쓰지요? 그것은 발견하거나 내버려두기 이전부터 ~하고 있기 때문이에요.

「아기가 울고 있는 것을 내버려두다(발견하다)」라고 하면 이미 아기는 울고 있었던 것이지요? 「이미 ~하고 있다」라는 말을 「~하고 있는 것을」이라고 표현하는 겁니다. 영어로는 ~ing형에 해당된다고 생각하면 됩니다.

이러한 ~ing형을 술어 데쉬로 필요로 하는 동사의 그룹을 경험피해동사라고 합니다. 경험피해동사란 별로 좋은 명칭은 아니라고 보는데 '어떤 장면에 맞닥뜨리다' 라는 뜻으로 「조우동사」라고 하는 것이 더 알기 쉬울 것 같아요. 그러나 명칭은 아무래도 상관없어요.

아무튼 「누군가가 무엇인가를 하고 있는 장면을 발견하다」라는 뜻을 나타내는 find나 「누군가가 무엇인가를 하고 있는 장면을 발견하지만 그것을 내버려두다」라는 뜻인 keep, get, have 등이 이 그룹에 속하는 동사입니다.

우리말로 하면 모두 「내버려두다」가 되어버리는데 상당히 뉘앙스가 틀려요. keep의 경우, 가령 내가 교실에 들어왔더니 여러분 모두 공부하고 있었다고 합시다. 나는 「그래 그래 착하다!」라고 생각하면서 「여러분 그대로 계속해요.」하며 계속 공부시킵니다. 이것이 keep입니다.

한편 have나 get은 내가 수업을 시작하려고 하자 도시락을 까먹는 친구가 있단 말이에요. 나는 「얘는, 수업 시작인데,」라고 생각하지만 「수업에 방해되는 것도 아닌데 놔둬야겠다.」라고 하면서 내버려두는 그런 느낌입니다. keep이 「~하고 있는 것을 계속하게 하다」라고 한다면 have나 get은 「~하는 것을 묵인하다」 혹은 「수수방관하다」라는 뜻이 될 거예요.

예문으로 확인하고 넘어갑시다.

> 기억!
>
> "find+사람+~ing"　　「(사람)이 ~하고 있는 것을 발견하다」
> - I found the baby sleeping in the bed.
>
> "kept+사람+~ing"　　「(사람)이 ~하고 있는 것을 계속하게 하다」
> - Our boss kept us working.
>
> "have+사람+~ing"　　「(사람)이 ~하고 있는 것을 묵인하다(놔 두다)」
> - I can't have you telling a lie.

5형식 문장에 익숙해지자

여기서도 아까와 똑같은 사항을 주의해야 합니다. 「발견하다」라는 말을 우리말로도 두 가지로 사용할 수 있지요. 「나는 개를 발견했다」와 같이 단순하게 「~을 발견하다」라는 것과 「나는 그 개가 자고 있는 것을 발견했다」와 같이 「~가 …하고 있는 것을 발견하다」와 같은 두 가지요.

「~을 발견하다」는 중학교 영어시간에도 배웁니다. 하지만 고등학생 정도면 「~가 …하고 있는 것을 발견하다」를 익히도록 해야겠지요?

① I found a dog.

② I found a dog sleeping.

지금까지 ①번과 같은 문장에선 아무 의심없이 a dog을 목적어처럼 「개를」이라고 해석해 왔지요? 하지만 ②번 문장에서도 그렇게 하면 안 된다는 겁니다. 「개가」라고 해석해야지요.
즉 독해를 할 때는 find라는 단어를 보면 「어느 쪽일까?」라고 생각하는 버릇을 들여야 한다는 것이지요. 쉬운 문장이면 쉽게 구별하겠지만 다음과 같은 조금 복잡한 문장으로 해볼까요.

- I found a man and his wife I know walking.

윗 문장을 보고 「나는 아는 사람과 그 부인이 걸어가고 있는 것을 발견했다.」라고 5형식 문장의 find구나라고 금방 알아차릴 수 있어야 한다는 겁니다.
더구나 have같은 경우는 중학교 때 이후로 「가지고 있다」라는 뜻에만 익숙해 왔잖아요.

① I have a pen.

윗 문장이면 「나는 펜 한 자루를 가지고 있다.」라고 누구든지 해석할 수 있어요. 하지만 5형식 문장의 「묵인하다」의 have는 고등학교 수준의 영어인 셈입니다.

② I can't have my son walking around late at night.

「나는 나의 아들을 가질 수 없다?」와 같이 해석하면 중학교 수준 밖에 안 될 뿐더러 우리말이 이상해지지요? 이럴 때는 walking이라는 ~ing형을 보고

「『묵인하다』의 have다!」라고 한 눈에 알아보고는 「나는 나의 아들이 밤에 돌아다니는 것을 묵인할 수 없다.」라고 제대로 해석할 수 있어야 합니다.

오늘은 여기까지만 해두지요. 5형식 문장의 동사 중 오늘은 두 개 배웠는데요, 나머지는 다음 번에 다루겠습니다. 우선 이 두 그룹을 잘 복습해서 연습문제도 꼭 풀어두도록 해요.

- 5형식 문장을 만드는 동사
    ① "tell+사람+to do"형 동사
        → 「~하도록」이라는 '불확실한 미래'를 나타내는 표현
        → 영어로는 to부정사
    ② 경험피해동사
        → 「~하고 있는 것을」이라는 '이미 하고 있음'을 표현
        → 영어로는 ~ing형

주제문은 방금 예문으로도 사용했으니까 이제 알겠지요?

> I can't have any one of you telling a lie.

▶ 나는 너희들 중 누구라도 거짓말을 하도록 놔둘 수 없다.
(= 거짓말을 하고 있는 것을 묵인할 수 없다.)

연습문제 17

5형식 문장을 염두에 두면서 해석하시오.

(1) He is the man I want to do this job.
(2) She asked the man who was passing by to help her to change the flat tire.

　　(flat tire : 바람이 빠진 타이어)

(3) I found a boy and a dog running in the field.
(4) I can't have your cat coming into my garden.

[해답편 p.279]

제18회 5형식 문장(2)
사역동사와 지각동사

주제문 ▶ I saw the boys and girls play soccer.
잘못된 해석 ▶ 나는 소년들을 보고 소녀들은 축구를 했다.

사역동사

이번에는 5형식 문장의 4개의 그룹 중 나머지 두 개를 배워보도록 합시다.

먼저 첫 번째로는 사역동사입니다. 「사역」이란 자신이 스스로 하지 않고 남에게 시킨다는 뜻이지요? 그리고 남에게 무슨 일을 시킬 때는 「아들을 공부하게 하다」라고 하는데 「아들이 공부하도록 명령하다」와 비슷한 뜻이지요. 하지만 「명령하다」는 「~하도록」이라는 말을 붙이지만 「~하게 하다」는 「아들을 공부하도록 하게 하다」라고 굳이 말하지는 않습니다.

? 무슨 말입니까?

예를 들어, 「아버지는 아들에게 공부하도록 명령했지만 아들은 하지 않았다.」라면 의미가 통하지만 「아버지는 아들에게 공부를 하게 했지만 아들은 하지 않았다.」는 어때요? 「공부하게 하다」라면 결국 공부를 했다는 뉘앙스가 강합니다. 그에 비해 「명령하다」는 그 명령의 결과 명령을 받은 사람이 그 명령을 실행에 옮겼는지 어떤지를 모릅니다. 정말로 실행에 옮길지 어떨지 아직 모르는 것을 우리말로 「~하도록」이라고 우회적으로 나타내는 것이고 앞서 배웠듯이 영어로는 to부정사를 사용해서 나타내는 것입니다.

하지만 「~하게 하다」는 방금 살펴봤듯이 「아버지가 아들을 공부하게 하다」라고 하면 실제로 아들이 공부했다는 사실을 암시하고 있다고 할 수 있습니다. 그래

> **주의!**

서「명령하다」는 명령하고 나서 실제로 그걸 행동에 옮기기까지 약간 시간이 걸리는 느낌이지만 「~하게 하다」는 그렇게 시키는 것과 시킴을 당하는 쪽이 실제로 행동에 옮기는 것이 동시에 이뤄지는 느낌인 거예요. 이러한 차이를 알겠어요?

사역동사에 to는 필요없다

그래서 그런 느낌을 살리기 위해 「~하도록 하게 하다」라고 복잡하게 표현하지 않고 쉽게 「공부하게 하다」가 된 겁니다. 영어도 마찬가지로 「~하게 하다」라고 할 때는 술어 데쉬에 "tell+사람+to do"형 동사일 때와 같이 「~하도록」에 해당되는 to를 붙이지 않고 원형으로 해버리는 거예요.

사역동사의 대표인 make「~하게 하다」로 그 용법을 예문을 통해 확인해 봅시다.

His father made him study hard.
　주　　　술　　주'　　술'

윗 문장은 「그의 아버지는 그를 공부하게 했다.」가 됩니다. study가 원형이라는 점 주의하도록.

> **주의!** 사역동사는 make, have, let의 세 개밖에 없습니다. 각각 미묘한 의미의 차이가 있기 때문에 정리해둡시다.

> **정리!**
>
> "make + 사람 + 동사원형"　　　「(억지로) ~하게 하다」
> - He made his son study hard.
>
> "have + 사람 + 동사원형"　　　「시키다」
> - He had the carpenter paint the wall.
>
> "let + 사람 + 동사원형"　　　「허락하다」
> - He let me enter his room.

「지각동사」의 술어 데쉬에 사용되는 것은?

　사역동사를 이해했으면 5형식 문장의 마지막인 지각동사로 넘어갑시다. 「보다」「듣다」「느끼다」라는 뜻을 가진 동사는 「지각동사」로 사용할 수가 있습니다. 그럼 「지각동사」란 무엇인가요?
　예를 들어, 「보다」라는 말은 어떤 식으로 사용해요? 「나는 그가 웃는 것을 보았다.」 「나는 그가 웃고 있는 것을 보았다.」라고 쓰지요? 이 두 문장은 어디가 달라요?

 　같은 거 아닌가요~~

　그래요! 거의 같다고도 할 수 있지요.
　하지만 엄밀히 말하면 역시 조금 틀려요. 예를 들어, 「새가 날고 있는 것을 보았다.」와 같이 「~하고 있는 것을 보았다」라고 하면 내가 봤을 때는 이미 새는 날고 있었다는 느낌이 안 들어요? 그에 비해 「새가 나는 것을 보았다.」라고 하면 내가 새를 보고 있었는데 갑자기 새가 날아간 느낌인 것 같은데, 어때요?
　앞에서 「나는 그들이 공부하고 있는 것을 내버려두었다.」라는 문장을 다뤘었지요? 왜 「내버려두다」라는 동사는 「~하고 있는 것을 ....」이라는 형태로 사용하냐면 그들은 이미 공부하고 있었기 때문이었지요. 「나는 새가 날아가는 것을 보았다.」의 「~하는」도 비슷한 뜻인 게 아닐까요? 그래서 경험피해동사와 마찬가지로 지각동사도 술어 데쉬에 ~ing형을 사용하는 거고요.

그리고 「나는 새가 나는 것을 보았다.」는 내가 보니까 새가 막 날개짓을 했다는 느낌이에요. 그것은 「나는 그가 공부하도록 했다.」의 사역동사가, 내가 「해라!」라고 말하고 그가 즉시 「네!」하고 공부하는 「동시」라는 뜻을 원형으로 나타내고 있던 것과 비슷한 거예요. 따라서 지각동사도 술어 데쉬에 원형을 써도 되는 것입니다.

잠깐 예문으로 확인해 볼까요?

> I heard him singing a song.
> 주 술 주′ 술′
>
> 나는 그가 노래를 부르고 있는 것을 들었다.
> (내가 현장에 왔을 때 이미 그는 노래를 부르고 있었다.)
>
> I saw him fall on the ground.
> 주 술 주′ 술′
>
> 나는 그가 땅에 쓰러져 있는 것을 보았다.
> (내가 보고 있었는데, 그는 쓰러졌다.)

5형식 문장의 4개 그룹을 정리하자

이것으로 5형식 문장의 모든 패턴이 끝났습니다. 다시 한 번만 간략하게 정리하고 넘어갑시다.

그룹명	우리말로는	술어 데쉬의 형태
"tell+사람+to do"형	「공부하도록」	to 부정사
경험피해동사	「공부하고 있는 것을」	~ing형
사역동사	「공부하게 하다」	동사원형
지각동사	「공부하고 있는 것을」	~ing형
	「공부하는 것을」	동사원형

평소 아무 생각없이 말하는 우리말과 어떤 의미에서는 비슷한 면이 있다는 것 알겠지요?

그 점을 잘 이해하고 어떤 동사가 어느 그룹에 속하며 어떤 식으로 사용되는지 단단히 익혀두세요! 아울러 술어 데쉬의 형태는 약간씩 다르기는 하지만 5형식 문장의 문장은 어떤 그룹의 것이라도 결국은 상당히 비슷하다는 것도 알아주었으면 해요.

그럼 주제문을 살펴볼까요?

> I saw the boys and girls play soccer.

「잘못된 해석」처럼 해석하는 사람은 거의 없을 거라 생각되는데 여기서 생각해야 할 게, 중학교 때 배웠던 「보다」와 지금 다루고 있는 「보다」는 차이가 있다는 겁니다. 앞의 수업 때도 같은 이야기를 했었지요?

① I saw a man.

② I saw a man walk[walking].

중학교 때 배웠던 건 ①번 같은 문장입니다. 그리고 굳이 「지각동사」라는 이름까지 붙여가며 이번에 배웠던 게 ②번 같은 문장입니다. ①은 「남자를 보았다」라고 해석하지만 ②는 「남자가 걷다[걸어가다]」라고 해석하겠지요.

어느 쪽의 see가 사용되었는지를 언제나 생각할 필요가 있어요. 그와 아울러 PART III에서 배웠던 「병렬」을 제대로 이해하고 있다면 할 수 있습니다.

▶ 나는 그 소년들과 소녀들이 축구하는 것을 보았다.

그럼 잘 복습해 두고 연습문제 풀어보세요.

5형식 문장을 염두에 두고 해석하시오.

(1) Don't let people around you make you waste your time.

(2) People from abroad are often surprised to see Korean people commute in a jam-packed bus.
(jam-packed : 콩나물시루 같은)

(3) Why don't you have someone you know help you?

(4) He was watching through the window people, bicycles and cars pass.

[해답편 p.280]

제19회 5형식 문장(3)
"주'+술'"에도 수동태가 있다!

주제문	▶ He had his money stolen in the train.
잘못된 해석	▶ 그는 기차 안에서 돈을 훔쳤다.

"주어' + 술어'"에도 수동태가 있다

이중의 주어·술어에 대해 이해가 많이 되었을 테니까 수준을 좀 더 상급으로 올려봅시다!

그럼 다음 두 문장을 비교해보세요.

① 「나는 누군가가 내 엉덩이를 만지는 것을 느꼈다.」
② 「나는 엉덩이가 만져지는 것을 느꼈다.」

어때요? 치한에게 당했다는 이야기를 하고 싶은 게 아니라 이 문장은 둘 다 「나는 ……을 느꼈다」가 주어와 술어지요? 「나는 ……을 느꼈다」는 능동입니다. 하지만 ①번 문장은 「누군가가 ……만지다」가 "주'+술'"이고 ②번 문장은 「엉덩이가 ……만져지다」가 "주'+술'"입니다. 즉 "주'+술'"에 대해서 말하자면 ①번 문장은 능동이고 ②번 문장은 수동이지요?

이것은 5형식 문장에는 주어와 술어가 두 쌍이 있다는 거예요. 보통 있게 되는 "주+술" 외에 "주'+술'"의 수동태도 있다는 것입니다.

알겠어요? 하나 더 예를 들어봅시다.

「나는 누군가가 내 이름을 부르고 있는 것을 들었다.」
「나는 이름이 불리는 것을 들었다.」

둘 다 "주+술"은 능동이지요?

하지만 "주'+술'"에 관해서 말하자면 「누군가가 ……부르고 있다」는 능동이지만 「이름이 ……불리다」는 수동입니다. 맞지요?

다음 두 문장을 각각 영작해볼까요?

① I heard someone call my name.
② I heard my name called.

①번 문장은 이미 배웠지요? someone이 주' 고 call my name이 술' 이니까 「누군가가 내 이름을 부르는 것을……」이 됩니다. 물론 지각동사의 경우에는 이 술'은 calling이라고 ~ing형으로 해도 무방했지요?

그런데 ②번은 my name이 주', called가 술' 이고 「내 이름이 불리는 것을……」이라 되었습니다.

"주'+술'"이 수동일 때는 술'은 과거분사

그래서 중요한 것이 술'의 형태입니다. 앞에서 5형식 문장을 만드는 동사를 4개의 그룹으로 나누어서 술'을 각각 다른 형태로 해야 한다는 것을 살펴봤었지요? 술'에 올바른 형태를 사용하는 것은 매우 중요하다는 점도 알고 있지요?

주'와 술'이 수동이 될 때는 수동일 때의 형태가 있는 거예요.

수동일 때는 쉬우니까 안심해도 돼요. 4개의 그룹을 구분할 필요없이 어떤 그룹이든간에 과거분사로 하면 된답니다.   주의!

보통 수동의 문장은 "be+과거분사"로 만들지요. 예를 들어, 「내 이름이 불리워졌다」면,

- My name was called.

라고 하지요. 그렇다고 「내 이름이 불리는 것을 들었다.」일 때도,

❌ I heard my name was called.

라고 고치면 안 돼요. "be+과거분사"로 수동을 만드는 것은 어디까지나 "주어+술어"만 가능하지, "주'+술'"에서는 수동태를 만드는 다른 방법(과거분사만 있으면 돼요!)이 있다는 것을 구별해서 외워두기 바랍니다.

지각동사와 사역동사의 능동과 수동

그럼 4개의 그룹을 각각 예문을 들면서 살펴보도록 해요.
먼저 좀 전에도 예문으로 들었던 지각동사부터 들어갑니다.

- I saw them building a house.
- I saw the old building pulled down.

그럼 술어 데쉬의 동사의 형태에 특히 유의하면서 둘 다 해석해 볼래요?

 「나는 그들이 집을 짓고 있는 것을 보았다.」와 「나는 그 오래된 건물이 쓰러지는 것을 보았다.」입니다.

그래요, 좋아요. 설명은 필요없겠지요?
그럼 다음으로 사역동사로 넘어가서,

① I made the boy carry my bag.

② I made my bag carried to my room.

윗 문장도 해석해 봐요.

「나는 소년이 가방을 운반하도록 했다.」와 「나는 가방이 방까지 운반되도록 했다.」입니다.

네, 잘 했어요.

5형식 문장으로 사용되는 tell을 주의

다음은 "tell+사람+to do"형으로 넘어갑시다.

- I told the boy to clean the room.
- I told the room[to be] cleaned at once.

"tell+사람+to do"형의 동사인 경우 주어 데쉬와 술어 데쉬가 수동의 관계일 때는 술어 데쉬를 지금까지 하던 것처럼 그냥 과거분사로 해도 되지만 "to be+과거분사"라는 형태로 해도 좋습니다. "to be+과거분사"로 하는 것은 주로 영국식이며 그냥 과거분사만으로 하는 것은 미국식이라고 할 수 있는데 어느 쪽으로 하든 상관없습니다.

그럼 해석해 볼래요?

음.「나는 소년에게 방을 청소하라고 말했다.」와 「나는 방에 청소되도록 말했다.」어? 이상한데?

내가 한 이야기를 잘 듣고 있었는지 모르겠네. 그럼 다음 두 문장을 해석해 봐요.

① I told him the truth.
② I told him to study.

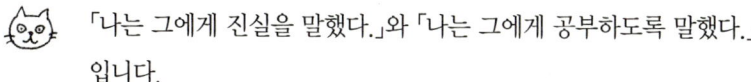「나는 그에게 진실을 말했다.」와 「나는 그에게 공부하도록 말했다.」입니다.

그게 큰 실수예요! 뜻은 맞지만 해석하는 방법에 문제가 있습니다. 앞에서 배웠지요? 4형식 문장에서 쓰는 tell은 「…에게 ~을 전하다(말하다)」라고 하면 되지만 5형식 문장에서 사용하는 tell은 「…가 ~하도록 명령하다(말하다)」라고 주'를 염두에 둔 해석을 한다고요.
 '그런 거 아무려면 어때' 하는 사람은,

- I told the room to be cleaned.

와 같은 문장에서 당황하게 되지요. 위와 같이 「나는 방에게 청소되도록 말했다.」로 해석해 버리는 거예요. 사람이 방에게 말을 거는 셈이 되잖아요? 「××에게 말하다」라고 해석하면 「××」의 부분에 사람을 나타내는 단어가 있으면 다행이지만 사물을 나타내는 단어가 있으면 해석이 부자연스러워집니다. 그러니까 역시 5형식 문장의 원칙을 숙지해서 「방이 청소되도록 명령했다」라고 해야 되겠습니다.

수수방관만 하고 있으니까 "피해"

그럼 마지막, 경험피해동사예요.

① He had his children going around late at night.
② He had his house destroyed by the earthquake.

have는 앞에서 배웠던 대로 사역동사로 「~하게 하다」라는 뜻도 있었지만 경험피해동사로서 누군가가 무엇을 하는 장면에 맞닥뜨리지만 그것을 묵인하다, 수수방관하다라는 뜻으로도 쓰였지요? 5형식 문장의 동사 중 가장 해석하기 어려운 동사라 생각되는데 배웠던 사항을 상기하면서 해석해 봅시다.

 네. ①번 문장은 「그는 아이들이 밤늦게 돌아다니는 것을 묵인했다.」가 되고요, ②번 문장은 「그는 집이 지진으로 무너지는 것을 묵인했다.」가 되나요?

그래요, 잘 했어요.

②번 문장 해석이 이상한가요? 하지만 대지진이 일어나서 집이 무너지려고 하면 그걸 막을 수가 있나요? 무리겠지요. 집이 무너지는 걸 수수방관하고 있을 수밖에 없단 말이에요.

바로 손을 전혀 쓰지 못하고 수수방관하고 있다는 의미가 have입니다. have는 그런 의미에서 앞에서도 말했다시피 「경험피해동사」라는 명칭으로 불린답니다.

그럼 주제문을 다시 살펴볼까요?

> He had his money stolen in the train.

잘못된 해석은 「그는 돈을 훔치다」라고 그를 도둑으로 몰고 있지만 경험피해 동사의 have라고 생각한다면 직역해서 「그는 그의 돈이 기차 안에서 훔쳐지는 대로 내버려두었다.」라는 뜻이 됩니다.

도난 당한 순간에 그걸 알았다면 「뭐 하는 거예요~~!」라고 외치면서 도둑을 잡을 수도 있었겠지요. 하지만 아마도 몰랐던가 봐요. 그래서 아무 것도 할 수가 없었던 거고요. 그와 같은 의미로 쓰인 것이 have입니다. 이렇게 생각해서 아까와 마찬가지로 피해를 나타내는 말을 써서 「~당하다」로 좀 더 신경을 써서 해석하면,

▶ 그는 기차 안에서 돈을 도난당했다.

잘 해석되지요? 피해자와 가해자는 엄청난 차이잖아요.
그럼 연습문제를 잘 풀어보세요.

연습문제 19

5형식 문장을 염두에 두면서 해석하시오.

(1) How much will it cost to have this watch repaired?
(2) I had my house sneaked into yesterday.
(3) He asked the decayed tooth to be pulled out at once.
   (decayed : 썩은)
(4) I was sad to see the apartment where we lived together pulled down.

[해답편 p.281]

제20회 | so that구문 · such that구문
that절의 또 하나의 역할

| 주제문 | ▶ | He isn't so rich that he can buy a car. |
| 잘못된 해석 | ▶ | 그는 그렇게 부자가 아니기 때문에 그는 차를 살 수 있다. |

「1인 2역」의 접속사

5형식 문장을 완벽히 이해했으니까 오늘은 PART II에서 배웠던, 명사절과 부사절의 1인 2역에 관한 이야기를 좀 더 자세히 하겠습니다.

그 전에 워밍업(warming-up)으로 잠깐 복습해 볼까요?

① Her father decides when she gets back.
② Her father is always watching TV when she gets back.

②번 문장은 when절은 없지만 「그녀의 아버지는 언제나 텔레비전을 보고 있다.」가 되어 문장으로 성립됩니다. 그렇다면 when이하는 없어도 되니까 부사절입니다. 부사절의 when은 「~할 때」였지요? 따라서 이 문장은 「그녀가 돌아왔을 때 아버지는 언제나 텔레비전을 보고 있다.(그런데 도대체 아버지란 분이 이러실 수 있나요?)」라고 해석이 되지요.

그런데 ①번 문장도 마찬가지로 「그녀가 집에 왔을 때 아버지는 정한다.」라고 해석해도 의미가 통하지 않아요. 왜냐하면 decide「결정하다」는 타동사입니다. 더 쉽게 말하면 「××을 결정하다」와 같이 뒤에 목적어에 해당되는 명사가 오지 않으면 안 된다는 겁니다. 즉 when 이하의 ☐☐☐☐ 가 목적어가 되는 명사의 역할을 하고 있다는 것이지요. 그래서 명사절 when은 「언제 ~할지」입니다.

따라서 이 문장은 「그녀의 아버지는 그녀가 언제 돌아갈지를 결정한다.」라고 해석할 수 있어요. 아버지가 상당히 엄격한데 아무튼 그와 같은 해석이 되는 것이지요?

이와 같이 명사절도 되고 부사절도 되니까 해석방법도 그에 따라 바꿔줘야 하는 「1인 2역」의 접속사를, 예전에 if나 whether, when정도 배웠지요? 그런데 하나 더 아주 중요한 게 있어요. 오늘은 그것을 배우겠습니다.

"so ... that구문"은 부사절

그럼 다음 두 문장을 봐주세요.

① I know that he can work.
② He is so young that he can work.

①번 문장은 이미 PART II에서 배웠던 명사절의 「~하는지」라고 해석한 that절입니다. 그것이 know의 목적어가 되어 「나는 ××을 알고 있다」의 「××」의 부분의 역할을 하고 있는 것이지요?

②번 문장은 "so ...that구문"이예요. 이전에 본 적이 있지요? 해석할 수 있겠어요?

 「그는 젊기 때문에 일할 수 있다.」

그래요, 그렇게 「~이기 때문에 ……이다」와 같이 해석한다고 중학교때 배웠지요? 사실은 별로 좋지 않답니다.

오늘은 그 이유에 대해 이야기하겠습니다. "so ... that구문"과 같은 선입견은 잠깐 버려두고 다시 한 번 위의 두 문장을 살펴봐주세요. 예전에 했던 것과 마찬가지로 절을 ☐☐☐☐로 둘러 보세요.

① I know that he can work .

② He is so young that he can work .

①번 문장에서는 that절은 명사절이니까 절대적으로 필요하지요? 하지만 ②번 문장에서는 that절이 없어도 He is so young.「그는 그토록 젊다.」라고 문제없이 해석할 수 있지요? 그렇다면 이 that절은 부사절이라는 걸 알 수 있습니다.

주의! 즉 이미 배웠던 when이나 if, whether와 마찬가지로 명사절을 만드는 접속사의 대표선수같은 that절도 실은 1인 2역으로 "so ...that구문"이라 불릴 때의 that절은 부사절을 만드는 that절이라는 것입니다.

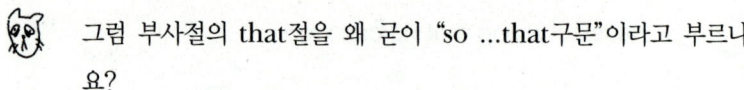 그럼 부사절의 that절을 왜 굳이 "so ...that구문"이라고 부르나요?

잠깐 다른 부사절과 비교해 봅시다.

① He ate lunch because he was hungry .

② He ate lunch after he met her .

둘 다 사각형으로 둘러진 부분은 있어도 없어도 상관없는 부사절이지요? 없어도 되는데 왜 있을까요? ①번 문장에서는 「배가 고팠기 때문에 ……먹었다」와 같이 왜 먹었는지 그 이유를 나타내고 있고 ②번 문장에서는 「그녀를 만나고나서 ……먹었다」와 같이 언제 먹었는지 그 시각을 설명하고 있는 것이지요.
이와 같이 부사절은 보통은 동사를 보다 자세하게 설명하는 기능을 하고 있다고 했었지요?

that절이 so를 수식

하지만 부사절의 that절은 조금 다릅니다. "so ... that 구문"이라 부르는 것처럼 so를 수식하고 있는 겁니다.

무슨 말이냐면 좀 전에 나온 문장은 He is young만으로 문장이 성립되지요? 그런데 He is so young이라 되어있어요. 여기서 so는 young「젊은」이라는 형용사를 강조해서「이렇게나 젊은」이라는 뜻으로 만드는 부사입니다. He is very young의 very와 같은 것이라 볼 수 있지요.

very와 so는 비슷하지만 약간의 차이도 있습니다. He is so young.「그는 그토록 젊다.」라고 해도「그토록 젊다? 구체적으로 얼마나 젊은 거야?」라고 의문스러울 거예요.「구체적으로 어느 정도로 젊은지」에 대한 부분을 that절을 사용해서 좀 더 보충설명하고 있는 것입니다.

주의!

조금 이해하기 힘들지도 모르니까 일반적인 부사절과 비교해 볼까요?

He ate lunch because he was hungry .

동사「먹다」를 수식
「왜 먹었는지?」 ➡「~이기 때문에 먹었다」

He is so young that he can work .

부사「그토록」을 수식
「얼마나 젊은지?」 ➡「~정도로 젊다」

위의 두 문장을 비교해 보면 알겠지요? 같은 부사절 중에서도 유독 that절만은 동사를 수식하는 게 아니라 so라는 부사를 수식하고 있습니다. 그리고 역으로 말하면 so 대신에 의미가 비슷한 very를 사용해서 "very ... that구문"을 만들 수는 없다는 것입니다. 그래서 "so ... that구문"이라는 명칭이 붙었지요.

주의! 따라서 해석할 때는 위의 그림에서도 보다시피 「그는 그토록 젊다」라는 문장의 「그토록」이 「얼마만큼?」인지 구체적으로 설명하고 있는 것이 바로 that절이기 때문에 이 that절을 「~정도로」라고 하여 뒤에서 young까지를 「그는 일할 수 있을 만큼 젊다.」라고 해주면 되는 것입니다.

"so ... that구문"은 뒤에서부터 해석하자

앞의 문장을 해석했을 때 「그는 젊기 때문에 일할 수 있다.」라고 앞에서부터 「~이기 때문에 ……이다」라고 했었지요? 하지만 「……만큼 ~이다」라고 뒤에서부터 해석하는 게 논리적으로 맞다고 할 수 있습니다. 하지만 여러분은 왜 그런지 꼭 앞에서부터 해석하지요. 어느 쪽을 먼저 해석해도 의미가 통하면 되는 거겠지만 경우에 따라서는 앞에서부터 해석하면 의미가 전달이 안 되는 경우도 있답니다. 주의!

그 예가 이번 주제문입니다.

> He isn't so rich that he can buy a car.

앞에서부터 해석하려고 하면 「잘못된 해석」과 같이 「그는 부자가 아니니까 차를 살 수 있다.」가 되어 「가난한데 어째서 차를 살 수 있다」가 되는 걸까? 무슨 말인지 전혀 모르겠지요? 그럼 논리에 맞게 해석해 봅시다.

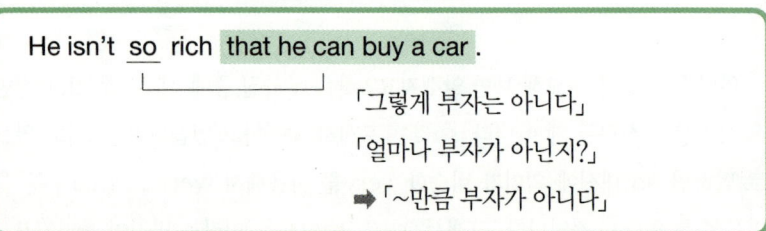

위의 그림에서 알 수 있듯이,

 ▶ 그는 차를 살 수 있을 정도로 부자가 아니다.

가 되지요? 이렇게 되어야 의미가 통합니다. 그러니 앞에서부터 해석해도 문제가 없을 때도 있지만 이런 부정문에서는 뒤에서부터 해석하지 않으면 의미가 통하지 않게 됩니다. 그래서 지금까지의 해석방법의 버릇은 버리고 "so ...that구문"을 보면 뒤에서부터 해석하는 습관을 기르는 게 좋겠습니다.

부정문일 때만 그런 게 아닙니다. 하나 더 다른 예를 살펴볼 게요.

- You must be so kind that you are loved by everyone.

앞에서부터 해석하려고 하면 「당신은 친절해야 하기 때문에 당신은 모두에게 사랑받는다.」가 되어 이상하지요?

하지만 방금 이야기했던 것처럼 「당신은 그렇게 친절해야 한다」라고 되어있으니 「그렇게 친절」이라면 「얼마나 친절?」한지가 that절에 기술되어있기 때문에 「당신은 모두에게 사랑받을 만큼 친절해야 한다.」라고 해석하면 문제없이 뜻이 통하는 문장이 됩니다.

so와 such는 「형식부사」

알겠어요? 나는 이런 so를 「형식부사」라고 부르고 있습니다. 하지만 이런 문법용어는 없어요. 내가 마음대로 그렇게 부르고 있는 겁니다. 예를 들어, 가주어라고 있잖아요? PART II에서 배운 대로, 사실은 that절을 주어로 하고 싶지만 그렇게 하면 문장이 복잡해지기 때문에 It is strange that he knows it.

과 같이 쓰게 됩니다.

　이런 문장을 해석할 때 It is strange「그것은 이상하다」라고 해석하는 게 맞는 것 같지만 이때의 it은 「가짜」이고 사실은 뒤에 that절이 있기 때문에 it은 「그것은」이라고 해석하지 않고 뒤의 that절을 it에 대입해서 해석 하는 것입니다.

　"so ...that구문"도 마찬가지로 사실은 「일할 수 있을 정도로 젊다」라든지 「모두에게 사랑받을 정도로 친절」이라는 것은 쓸 수만 있다면 쓰고 싶은데 그렇게 긴 문장을 「젊다」나 「친절」 앞에 넣으면 너무 늘어지잖아요? 그래서 일단 무난하게 「이렇게나 젊다」라든지 「그렇게 친절」이라고 넘어가 놓고 뒤에서 「이렇게나」에 대해 구체적으로 설명하고 있는 것입니다.

　따라서 읽는 사람 입장에서는 「그렇게~」라고 so를 해석하는 대신에 그 자리에 that절에 있는 내용을 「~정도로」라는 식으로 해석하는 거예요. 가주어랑 비슷하지요? 그래서 「형식부사」라고 하는 겁니다.

　자, 그런데 이 형식부사는 so 외에도 또 하나 있습니다. 그것은 such입니다. so와 such는 상당히 비슷한 단어지요. 둘 다 「그렇게나」 「그토록」이라는 뜻입니다. 문법적으로는 약간 다른 데도 있는데 뭐 자세한 것은 여기서는 놔두고 우선은 so는 뒤에 명사가 없어도 쓸 수 있지만 such는 명사가 없으면 안 된다라고 외워두면 될 것 같아요.

　예를 들면,

- He is so kind.　　　　　　⬅ so 뒤에 형용사만
- He is such a kind man.　　⬅ such 뒤에 형용사, 명사 둘 다
- He is such a man.　　　　 ⬅ such 뒤에 명사만

그래서 such도 「형식부사」가 될 수 있는 것입니다.
우리가 아마도 "such ...that구문"이라고 알고 있는 바로 그것 입니다.

- He is such a nice man that everyone loves him.

"so...that구문"과 똑같이 생각해서 「그는 그토록 친절한 남자다」의 「그토록」에 that절의 내용을 「~만큼」이라는 형태로 대입해주면 「그는 모두에게 사랑받을 만큼 친절한 남자다.」라고 해석할 수 있겠지요?
such의 뒤에 명사밖에 없는 경우도 마찬가지인데 조금 주의가 필요해요.

- He spoke in such a way that everyone laughed.

윗 문장도 「그는 그런 방식으로 말했기 때문에 모두는 웃었다.」라고 해석하는 사람이 있는데 「그런 방식으로 말하다」니 도대체 어떤 방식인가요? 전혀 모르겠지요?

그러니 이럴 때야말로 뒤에서부터 제대로 해석해줄 필요가 있어요. 「그는 그런 방식으로 말하다」의 「그런」 방식을 구체적으로 설명하고 있는 것이 that절이므로 「~와 같은 방식」이라고 해석할 수 있겠지요? 「그는 모두가 웃는 그런 방식으로 말했다.」라고 하면 의미가 잘 통하게 됩니다.

그럼 이해가 되었으면 연습문제를 열심히 풀어보세요.

연습문제 20

so ...that, such ... that에 주의하면서 해석하시오.

(1) Students have to pay so much attention to what their teacher says that they can learn as much as possible.

(2) He spoke in such a way that everyone got impressed.

(3) Korea is not so much in natural resources that it can live on its own.
(on one's own : 자신의 힘으로)

[해답편 p.282]

제21회 또 하나의 so that구문
so가 두 개 있으니 that도 두 개다!

주제문	▶	She opened the window so that fresh air would come in.
잘못된 해석	▶	그녀는 신선한 공기가 들어올 정도로 창문을 열었다.

양태(방식)의 so

 "so ...that구문"은 모두 이해했나요? 오늘은 지난 시간에 이어서 so라는 단어에는 두 가지 뜻이 있다는 이야기를 할겁니다. 예를 들어,

① She is so kind.
② He said so.

 이 두 문장의 so를 비교해 보세요. ①번 문장은 앞에서도 배웠던 so입니다. 「그토록 친절」이라는 식으로 「친절」이라는 형용사를 강조하고 있어요. "정도를 나타내는 so"라 부르기로 할까요?
 그에 대해 ②번 문장의 so는 뭐라고 해석하지요? 「그는 그토록 말했다?」, 말이 많다는 말인가요? 아니지요. 「그는 그런 식으로 말했다.」입니다. 형용사를 강조하는 게 아니라 「말했다」라는 동사를 수식하고 있는 거예요. 「그런 식으로 ……」가 되니까 "양태(방식)의 so"라고 부르도록 합시다.

주의!

 알겠지요? so라는 부사는 형용사나 다른 부사 앞에 붙었을 때는 「그토록~」과 「정도」를 나타내지만 문장의 맨 뒤에 왔을 때는 「그런 식으로~」라고 「양태(방식)」을 나타내는 것입니다.
 앞에서 "정도의 so"에는 that절이 따라붙는다는 이야기를 했는데 같은 so니

까 "양태(방식)의 so"에도 that절이 따라 붙는다는 이야기를 이번에는 하고 싶은 겁니다.

다음 그림으로 비교해 봅시다.

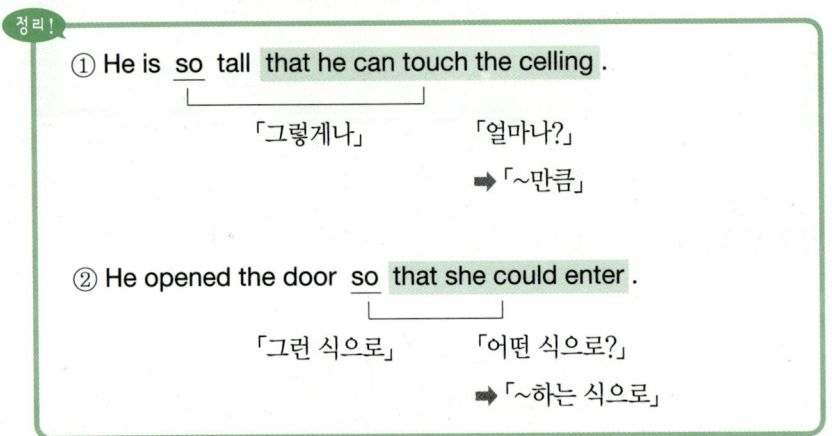

①은 앞에서 다룬 거예요. that절을 두른 사각형을 빼면 He is so tall이라는 문장이 보입니다. 뒤에 tall이라는 형용사가 있으므로 여기서 so는 「그렇게나」라는 "정도의 so"겠지요? 뒤의 that절은 「그렇게나」의 구체적인 내용이므로 그는 얼마나 키가 큰지 쓰여있습니다. 그래서 「그는 천장에 닿을 수 있을 만큼 키가 크다.」라고 해석하면 되는 것이지요.

"so that"이라고 붙어있으면 「~하도록」

그런데 ②번 문장을 살펴봅시다. that절을 두른 사각형을 빼면 He opened the door so가 됩니다. 문장 맨 끝의 so이기 때문에 이것은, 「그는 그런 식으로 문을 열었다.」라고 해석되는 "양태(방식)의 so"이지요? 여기에도 역시 구체적인 설명을 that절로 붙일 수가 있는 것입니다.

그리고 이번에는 「그런 식으로」의 설명이므로 「어떤 식으로? 문을 열었는지」가 that절에 쓰여있지요. 「그는 그녀가 들어올 수 있는 <u>식으로(있도록·있게 하기 위해)</u> 문을 열었다.」라고 해석하면 되는 것입니다.

여러분들은 둘 다 그냥 "so ... that구문"이라고 생각할지도 모르지만 그 차이를 확실히 이해할 필요가 있습니다. 둘 다 부사절의 that절인데 부사절인 that절이 수식하고 있는 so라는 단어가 용법에 따라 서로 다른 두 개의 뜻을 가지게 되므로 that절의 의미도 그에 따라 두 개가 된다는 겁니다.

정리하자면 다음과 같이 쓸 수 있어요.

정리!

so+형용사(부사)+that절	「~할 정도로」 (정도)
so that절	「~하도록」 (양태·목적)

아무튼 익숙해질 때까지는 so가 나오면 「이것은 어느 쪽 so인가?」 잘 생각해서 「~라면 that의 의미는.......」처럼 그 경우마다 감각을 익혀주었으면 좋겠습니다.

that절의 조동사와 시제 일치

그럼 「~하도록」의 "so that구문"을 좀 더 자세히 배워봅시다.

- He opens the door so that she can[will] enter.

「그녀가 들어갈 수 있도록 그는 문을 연다.」라는 뜻인데 「그녀가 들어갈 수 있도록」은 어디까지나 「목적」이랄까 <u>목표</u>인 셈이지요. 문을 열어주었는데 그녀는 「싫어!」하며 방으로 들어가지 않을지도 모르는 일이니까요.

그가 문을 여는 시점에서는 그녀가 방에 들어갈지 어떨지는 아직 미정인 상태입니다. 「아직 미정」인 그 상태를 나타내기 위해서 "so that구문"에서는 that절 안에 can이나 will 같은 조동사를 사용하게 되어있는 겁니다.

주의!

will을 쓰면 「(미래에) 방으로 들어가도록」과 같이 그 시점에서는 아직 미정이라는 상태를 나타낼 수도 있고 can을 사용해서 「방에 들어갈 수 있도록」이라고 하면 「안 할지도 모르지만 가능하게 하다」라는 뜻을 나타낼 수도 있습니다.

과거형의 문장일 때는 이 조동사도 시제 일치를 시켜 반드시 과거형으로 해야 합니다.

주의!

- He opened the door so that she could[would] enter.

자, 그럼 이제 다음 문장을 봐주세요.

- He raised his hand, so that a taxi stopped.

지금까지 배웠던 「~하도록」의 "so that구문"과 매우 흡사하지만 so 앞에 콤마가 붙어있는 것과 that절에 방금 이야기한 조동사가 없이 stopped라고 과거형이 있는 것이 다릅니다.

좀 전에 이야기했듯이 that절 안의 조동사는 「아직 미정」이라는 상태를 나타내고 있었잖아요? 하지만 조동사 없이 a taxi stopped와 같이 과거형으로 되어있으면 「택시는 멈췄다」라는 현실, 즉 「확정된 사실」을 나타내는 것이 됩니다.

콤마가 있으면 「결과적으로」라는 뜻이 된다

그럼 so 앞에 콤마는 무엇이냐면 조금 설명이 어렵긴 한데 콤마가 없는 것은 「한정적」이라고 하고 콤마가 있는 것은 「계속적」이라고 합니다.

다음 장에서 그 부분에 대해서 자세히 설명하겠지만 쉽게 말하면 해외여행하기 위해 영어를 공부하는 사람이 있다고 치면 오직 여행을 위해서만 공부를 할 거 아니에요? 여러분은 영어를 공부하고 있지만 특별히 목적이 있어서 하는 것은 아닐 거예요. 하지만 나중에 해외여행 갈 때 도움이 될지도 모릅니다.

어느 것에 속하더라도 결과적으로는 영어를 공부해둔 덕분에 해외여행을 즐길 수 있었겠지요? 하지만 전자는 처음부터 여행을 목적으로 열심히 공부해왔던 거란 말이에요. 후자는 결과론적으로 영어 공부가 해외여행에 도움이 된 경우가 됩니다.

「처음부터 그것만을 목표로 해서」라는 게 한정적이라는 말의 의미이며 영어로는 콤마가 없습니다. 반대로 「특별히 그것만이 목적은 아니었지만 결과적으로 그렇게 되었다」가 계속적이 되며 영어로는 콤마로 표시됩니다.

그렇다면 아까 문장에서, that절 안에 조동사가 사용되지 않았다는 것과 콤마가 붙어있는 것을 염두에 두면서 그 분위기를 억지로 우리말로 나타내면 그와 같은 느낌이 될 겁니다.

하지만 너무 길고 복잡하지요? 그래서 보통 이 형태는 "결과를 나타내는 so that구문"이라 부르며 「그는 손을 들고 그 결과 택시가 멈췄다.」라고 산뜻하게 쉽게 해석됩니다.

그렇다면 다시 한 번 정리하자면 "so ...that구문"이라 부를 만한 것은 모두 세 개가 있다는 말이 됩니다.

• so (...) that 구문 〔정리!〕

　① so + 형용사 + that...　　　　정도「~만큼」
　② so that...조동사　　　　　　목적 · 양태「~하도록」
　② so that...조동사 없음　　　　결과「그 결과~」

여러분은 자주 「선생님, 이거 so that구문이지요?」라고 질문을 하러 오는데 "so that구문"이라도 셋 중 도대체 어떤 걸 말하지?라는 생각이 들곤 해요.

어떤 의미에서는 셋이 같다고 할 수 있어요. 하지만 역시 별개예요. 잘 구별할 수 있도록 잘 익혀둡시다.

주제문을 살펴보겠습니다.

> She opened the window so that fresh air would come in.

윗 문장은 「목적·양태」입니다. 그렇다면 다음과 같이 해석할 수 있겠지요!

 ▶ 그녀는 신선한 공기가 들어오도록 창문을 열었다.

연습문제 21

세가지 종류의 "so (...) that구문"을 구별해서 해석하시오.

(1) He is not so good at English that he can communicate easily with foreign people.
(2) He went to the U.S. so that he could study English.
(3) He worked day and night, so that he finally got ill.

[해답편 p.283]

제22회 동등비교
"as ... as"로 부르면 안 된다!

주제문	▶ He is as interested in Korea as he was in the U.S.
잘못된 해석	▶ 그는 미국에 있었을 때와 마찬가지로 한국에 관심을 가지고 있다.

as는 「~ 만큼」을 나타내는 부사

자, 오늘부터 비교의 바른 독해법에 대한 이야기로 들어가겠습니다. 먼저 첫 회에서는 우리가 "as ... as구문"이라 부르는 동등비교를 확실히 익히도록 합시다.

여러분은 중학교 때 처음 이 동등비교를 배웠을 때 다음 문장을 본 적이 있을 거예요.

- He is as old as she.

그래서 이와 같이 as...as사이에 형용사나 부사를 끼워넣으면 「~ 만큼……」이라는 뜻이 된다고 배웠을 겁니다.

하지만 그건 바른 교수법이 아니에요. 그런 식으로 생각하고 있으면 바른 독해를 할 수 없게 되니까 오늘부로 그런 생각은 버리도록 하는 게 좋겠어요. 그렇다면 어떤 식으로 읽으면 되는지 다음 문장을 봐주세요.

- She is 80 and he is as old.

무슨 뜻인지 알겠어요? 「그녀는 80세이고 그는 같은 나이다.」라는 뜻입니다.

여기서 as에 주목해 주세요. 만약에 he is very old라고 하면 「그는 아주 나이가 들었다」라는 뜻이잖아요? very는 형용사 old를 강조하는 부사입니다. 마찬가지로 as도 부사인 거예요. 뜻은 「~ 만큼」입니다. he is as old는 「그는 (그) 만큼 나이가 들었다」가 되는 겁니다.

「~ 만큼……」이라 하더라도 누구와 비교하는 건지 이것만으로는 알 수 없지만 좀 전의 문장처럼 She is 80 and he is as old.「그녀는 80세이고……」라는 내용이 앞에 있으면 그녀와 비교해서 「그는 (그녀와) 같은 만큼 나이가 들었다」라는 뜻이라고 누구나 알 수 있을 거예요.

따라서 이런 경우에는 중학교 때 배웠던 대로 "as … as"라고 하지 않더라도 부사의 as만으로 충분하다는 겁니다.

이해하겠어요? 하나 또 다른 예를 들어 볼게요.

- She is good at tennis.

「그녀는 테니스를 잘 한다.」. 이 문장에 very라는 부사를 추가해서 「아주 잘 한다」로 하고 싶은데 어떻게 할까요?

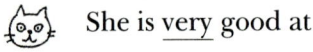 She is very good at tennis.

그렇지요. good이라는 형용사 앞에 very를 두면 됩니다. very와 문법적으로 같은 것이 as이므로 very를 as로 대체하면,

- She is as good at tennis.

이렇게 해서 「그녀는 (그) 만큼 테니스를 잘 한다.」라는 문장이 완성되었습니다. 물론 이 문장도 이것만으로는 누구와 비교하는지 모르지만 예를 들어,

- He is a good tennis player and she is as good at tennis.

라고 되어있으면 「그는 테니스를 잘 하고 그녀도 (그와) 같은 만큼 테니스를 잘 한다.」가 되어 그와 그녀의 테니스 실력을 비교하고 있음을 알 수 있지요?

"as ... as구문"이라고 불리지만 굳이 as ... as라고 부르지 않아도 "부사의 as"만으로 충분히 「(그) 만큼........」이라는 뜻을 나타낸다는 것을 확실히 알아주었으면 좋겠습니다.

또 하나의 as는 접속사

여러분은 접속사의 as를 알고 있나요? as는 부사도 되고 전치사도 되며 여러 가지 뜻을 가지고 있는데 접속사가 되기도 한답니다.

- I will do as I was told.

위와 같이 접속사로 사용되면 「~와 같이」「~대로」가 되지요? 즉 「나는 들은 대로 하겠습니다.」입니다.

"as ... as구문"이라 부르고 있지만 as가 둘 다 없더라도 부사의 as가 있는 것만으로 「(그) 만큼」이라는 의미를 나타낼 수 있다고 했지요? 그럼 뒤에 나오는 또 하나의 as는 뭐냐면 「~와 같이」라는 접속사의 as랍니다.

- She is as good at tennis.

이것으로 「그녀는 (그) 만큼 테니스를 잘 한다.」라는 문장이 되었었지요? 여기에 추가해 봅시다.

- She is as good at tennis as he is.

as he is라는 부분의 as가 접속사의 「~대로」의 as입니다. 접속사이기 때문에 원래는 뒤에 문장이 계속 이어져야 하지만 as he is라고만 있어서 얼핏 보기에는 문장이 성립되지 않습니다. 이때의 is를 「대동사」라고 한답니다.

대동사가 뭐예요?

이름 그대로 「동사의 대용」인데, 예를 들어 Are you happy?라고 누가 물으면 Yes, I am.이라 대답하잖아요? 이때의 I am.은 I am happy.의 뜻입니다. Do you live here?라는 질문을 받으면 Yes, I do.라고 말하잖아요? 이때의 I do.가 I live here.란 말이에요.

즉 be동사를 사용한 표현은 오직 be동사만으로 대체할 수가 있고 일반동사(즉 be동사 이외의 동사)를 사용한 표현은 do로 대체함으로서 문장을 길게 늘어지게 하는 일없이 생략해버릴 수가 있다는 겁니다.

좀 전의 문장도 마찬가지예요.

- She is as good at tennis as he is.

여기서 he is란 he is good at tennis가 생략된 것입니다. 그 부분을 보충해서 읽으면 as he is란 「그가 테니스를 잘 하듯이」라는 뜻이 됩니다. 전체적으로 「그가 테니스를 잘 하듯이 그녀는 그 만큼 테니스를 잘 한다.」 즉 「그녀는 그와 같은 만큼 테니스를 잘 한다.」라는 뜻이 되는 겁니다.

하나의 문장에 as로 이은 절이 붙는다

"as ... as 구문"이라 부르고 있듯이 두 개의 as가 없어도 「(~와 같은) 만큼」이라고 나타낼 수 있다는 건 몇 번이나 이야기했습니다. 누구와 비교하는 건지 읽는 사람이 알 수 있는 거라면요. 하지만 누구와 비교하는지 확실히 하고자 할 때는 「~대로」를 나타내는 두 번째의 접속사 as가 등장하는 것이지요. 하지만 다시 한 번 좀 전의 문장을 보면, 중학교 때 배운 대로 He is as old as she.와 같이 as와 as 사이에 형용사 하나만 있는 형태가 아닙니다.

- She is <u>as</u> good at tennis <u>as</u> he is.

두 개의 as 사이에 good이라는 형용사뿐만 아니라 good at tennis가 끼어있잖아요? 더 여러 가지가 사이에 끼어들어서 as와 as 사이의 거리가 너무나 멀어질 수도 있답니다. 두 번째 as가 쓰여져 있지 않아도 혹은 첫 번째의 as와 두 번째 as가 아주 멀리 떨어져있어도 「동등비교」라는 것을 제대로 알아차려야 합니다.

잠깐 연습해볼까요? 실제로 자기 스스로 문장을 써보면 더 이해가 잘 될 테니까요.

예제

우리말과 같은 의미를 나타내는 영문을 주어진 단어를 올바르게 배치해서 만들어 보시오.

「오늘은 주말만큼 길이 막힌다.」
The traffic [on weekend / heavy / as / as / today / it is / is].

자, 할 수 있겠어요?

……. The traffic is as heavy as … ……어?

전혀 이해를 못하고 있네요. 그럼 「오늘 길이 막힌다」라고 우선 써보세요.

 The traffic is heavy today.

그래요. 그럼 그 문장에 very를 붙인다면?

 The traffic is very heavy today.

맞아요. very와 「~ 만큼」의 as는 똑같은 용법으로 사용할 수가 있으니까 as로 바꾼다면?

 The traffic is as heavy today.

그렇지요. 「오늘 교통량은 (그) 만큼 많다」라는 문장이 되었어요. 거기에다 「교통량이 주말에 많듯이」라는 문장을 붙여주면 되는 겁니다. 그 부분은?

 …… as the traffic is heavy on weekend로 「교통량이 주말에 많듯이」가 되니까 the traffic을 it으로 바꾸어서 is heavy…를 is 하나로 대체해서 as it is on weekend가 됩니다.

완성되었지요?

- The traffic is as heavy today as it is on weekend.

as heavy today as라는 부분에 주목해주세요. 왜 as … as 사이에 heavy

뿐만 아니라 today까지 끼어있는 걸까요? 끼어있다고 하기보다 The traffic is as heavy today까지만으로 「오늘은 (그) 만큼 교통량이 많다」라는 하나의 문장으로 성립되며 거기다 as it is on weekend「주말에 교통량이 많듯이」라는 절이 붙어있다는 것을 감각적으로 이해하면 되는 겁니다.

 그건 "so ... that"과 많이 비슷한데요!

그래요, 「그토록 ~이다」라고 앞에 쓰여져 있고 뒤에 「어느 정도?」가 나타나 있는 "so ... that"과 비슷한 느낌이 들지요?

무엇과 무엇을 비교하는지를 파악하다

동등비교에서 또 한 가지 이해해야 할 부분이 있는데요, 좀 전에 다음 문장을 봤지요?

- **She is as good at tennis as he is.**

as he is는 as he is good at tennis가 생략된 거였지요?
그럼 다음 문장은 어떨까요?

- **She is as good at tennis as she was.**

as she was는 as she was good at tennis가 생략된 것입니다. 그렇다면 이 문장은 「그녀가 예전에 테니스를 잘 했듯이 그녀는 (지금도) 그 만큼 테니스를 잘 한다.」 즉 그녀는 예나 지금이나 마찬가지로 테니스를 잘 한다는 뜻을 나타내고 있습니다.

무슨 말이냐면 중학교 때는 「A는 B와 마찬가지로……」와 같이 누군가와 누군가의 비교밖에 하지 않았잖아요? 그런데 두 번째의 as가 접속사이고 사실은 그 뒤에 문장이 계속되고 있는 것이라 생각함으로서 예전과 지금을 비교하는 문장도 만들 수 있게 되는 겁니다.

 그러니 영어를 쓰는 입장에서는 그만큼 표현의 폭이 넓어지는 것이고 반대로 영어를 읽는 입장에서는 읽으면서 무엇과 무엇을 비교하는지 제대로 파악해야 한다는 겁니다.

그럼 다음 문장은 어떨까요?

- She is as good at tennis as she is at golf.

후반부는 "as she is good golf"「그녀는 골프와 마찬가지로 테니스도 잘한다」가 되니까 그녀의 골프 실력과 테니스 실력을 비교하고 있는 곳이지요.

그럼 다음 문장들을 살펴볼까요.

① Water is as necessary to us as air is.
② Air is as necessary to fish as it is to us.

두 번째의 as에서 as 이하를 잘 생각해보고 해석해 보세요.

①번 문장은 「공기와 마찬가지로 물도 우리에게 필요하다.」이고 ②번 문장은 「공기는 우리만큼 물고기에게 필요하다.」입니다.

그럼 주제문을 살펴봅시다.

He is as interested in Korea as he was in the U.S.

먼저 전반부는 「그는 한국에 (그) 만큼 관심을 가지고 있다」가 됩니다. 후반부는? as he was in the U.S.라 되어있는데 그대로 「그가 미국에 있었다」라고 해석하면 안 됩니다. 뭔가 생략된 게 있지요?

 He was interested in the U.S.입니다.

그래요. 「그가 (예전에) 미국에 관심을 가졌듯이」라는 부분이지요?

 ▶ 그가 예전에 미국에 관심을 가졌던 만큼 지금은 한국에 관심을 가지고 있다.

자, 그럼 연습문제를 풀어보세요.

연습문제 22

동등비교에 유의하면서 해석하시오.

(1) Jeju is as beautiful in winter as it is in summer.
(2) Roses are as popular in France as cherry blossoms are in Japan.
(3) When I talk with him, I feel as sleepy as when I was listening to my teacher when I was a child.
(4) I have never felt as happy as I am now.

[해답편 p.284]

제23회 비교급
동등비교를 알면 비교급도 보인다

주제문 ▶ Why are you wearing jeans? You look nicer in a skirt.

잘못된 해석 ▶ 왜 청바지를 입었어? 치마를 입은 것보다 넌 좋아보인다.

형용사를 비교급으로 만들어주는 것만으로 문장은 성립된다

비교의 두 번째 시간 비교급입니다. 앞의 동등비교와 내용은 비슷합니다. 중학교 때 배웠던 비교급 문장은 다음과 같았지요?

① He is older than she.
② Soccer is more exciting than baseball.

형용사의 비교급은 ①번 문장의 older 같이 –er를 붙이는 것도 있고 ②번 문장의 more exciting 같이 "more+원형"이 되는 것도 있지만 둘 다 바로 뒤에 than「~보다」가 옵니다.
이렇게 "비교급+than~"이라 생각하는 것은 앞서 배운 "as ... as구문"과 마찬가지로 좋은 생각이 아닙니다.
그럼 어떤 식으로 생각해야 할까요? 예를 들면,

• He is good at tennis.

라는 문장으로 다시 생각해봅시다. 앞에서는 이 문장에 부사인 as, 「~ 만큼」이라는 뜻의 as를 good에 붙이기만 하면 동등비교의 문장이 만들어졌습니다.

이번에는 as를 붙이는 대신에 good이라는 형용사를 비교급으로 만듭니다. good의 비교급이 뭐예요? more good이라고는 설마 안 하겠지요? better 지요. 그럼 다음 문장이 됩니다.

- He is better at tennis.

이것으로 비교급 문장은 만들어졌어요. 쉽지요? 이것만으로 「그는 테니스를 더 잘 한다.」가 됩니다. 물론 이것만으로는 어떤 비교를 하고 있는지 모르지만 예를 들어,

- He is good at soccer, but he is better at tennis.

라고 되어있으면 「그는 축구를 잘 하지만 테니스를 더 잘 한다.」와 같이 그의 축구 실력과 테니스 실력을 비교하고 있음을 알 수 있지요.
앞에서 배웠던 as와 마찬가지로 than이 없어도 형용사를 비교급으로 만들어주기만 하면 비교의 문장이 되는 것입니다.

than도 접속사, 생략을 염두에 두자

물론 than을 사용해도 되지만 만약에 사용한다면 than「~보다」라는 단어도 as「~처럼」과 마찬가지로 접속사라는 것을 염두에 두지 않으면 안 되겠습니다.
다음 세 문장을 봐주세요.

① He is better at tennis than she is.
② He is better at tennis than he was.
③ He is better at tennis than he is at golf.

먼저 모든 문장이 "... better than ..."과 같이 비교급과 than이 붙어있지 않습니다. 사이에 at tennis가 끼어들고 있지요? 끼어들었다기보다 사실은 He is better at tennis까지 하나의 문장을 형성하고 있습니다. 그 뒤에 that이하가 붙어있을 뿐이지요.

그래서 than 이하는 원래는 문장이 있었는데 여러 가지가 생략되어 있다는 것을 알 수 있지요? 그 생략을 앞에서 배운 것과 마찬가지로 그 부분을 잘 보충해서 생각하면 ①번 문장은 「그는 그녀보다 테니스를 더 잘 한다.」, ②번 문장은 「그는 예전보다 (지금이) 테니스를 더 잘 한다.」, ③번 문장은 「그는 골프보다 테니스를 더 잘 한다.」가 되는 걸 알 수 있을 겁니다.

than 이하의 문장은 보충해서 읽는다

그럼 다음의 경우는 어떨까요?

① Friendship is more important to us than money is.
② Friendship is more important to adults than it is to children.

이번에도 무슨 뜻인지 잘 해석할 수 있지요? 먼저 둘 다 Friendship is important to us「우정은 우리에게 중요하다」라는 원래 문장이 있고 그 문장 안의 important라는 형용사가 비교급 more important로 바뀌어서 Friendship is more important to us「우정은 우리에게 더 중요하다」가 됩니다. 그러고 나서 than 이하를 보충해야 할 곳은 제대로 보충하고 읽어보면 ①번 문장은 「돈보다 우정이 더 중요」하다고 말하고 있는 것을 알 수 있고 ②번 문장은 「우정은 어린이에게 어른보다 더 중요」하다고 말하고 있다는 것을 알 수 있습니다.

그럼 주제문으로 돌아갈까요?

> Why are you wearing jeans? You look nicer in a skirt.

「왜 청바지를 입고 있어?」, 여기까지는 문제없지만 문제는 그 뒤입니다. than 은 없지만 nicer라는 비교급이 있다는 것을 빨리 알아차려야겠어요. 원래는 You look nice in a skirt.「너는 치마를 입고 있으면 멋져 보인다.」라는 문장 이었던 것이 형용사가 비교급인 nicer를 대체하여「너는 치마를 입고 있으면 더 멋져 보인다.」가 된 것이지요. 그럼 무엇과 비교하고 있는 걸까요? 물론 쓰여져 있 진 않지만「청바지를 입고 있는 것보다」라는 문장이 숨어있겠지요.

▶ 왜 청바지를 입고 있어? 치마를 입고 있으면 더 멋져 보이는 데.

앞에 나왔던「잘못된 해석」을 봐주면,「그는 치마를 입고 있는 것보다 더 멋 져 보인다」라고 해석해 놓았어요. 비교급 바로 뒤에는「~보다」에 해당되는 부 분이 쓰여져 있는 데다 고정관념도 있기 때문에 than이 없어도 멋대로「치마 보다 멋지다」라고 해석해버리는데 이 문장은「치마를 입고 있으면 더 멋지다」라 는 내용밖에 쓰여진 게 없습니다.

「~보다」의 부분은 이 문장에는 안 나와있지만 앞의 문장의 내용에서 스스로 「청바지보다」라고 보충해서 해석해야하는 것입니다.

그럼 연습문제를 잘 풀어보세요.

비교급을 주의해서 해석하시오.

(1) The earthquake hit the city and the fire following it caused a greater damage.

(2) It is not always easy to stop smoking. It is easier not to get into the habit of smoking at all.

(3) Some kinds of chemicals contained in food are more harmful to infants than they are to adults.

(contain : 포함하다   infant : 어린이)

[해답편 p.285]

제124회 최상급의 대체표현
가장 중요한 단어가 안 쓰여있다!

주제문	▶	I like skiing; in fact, nothing is more enjoyable.
잘못된 해석	▶	나는 스키를 좋아한다. 사실 아무 것도 즐거운 일은 없다.

비교급이나 동등비교를 사용해서 최상급을 나타낸다

자, 비교에 관한 이야기도 벌써 마지막회입니다. 이번 이야기는 쉽습니다. 하지만 역시 어렵기도 합니다.

중학교 때 다음과 같은 문장들을 배웠나요?

① Tom is the tallest student.
② Nobody is taller than Tom.
③ Nobody is as[so] tall as Tom.

①번 문장은 최상급을 사용해서 「톰은 가장 키가 큰 학생이다.」라는 뜻을 나타내고 있습니다. 이 문장은 바른 문장이긴 한데 「가장」이라는 말을 최상급을 사용하지 않아도 비교급이나 동등비교를 사용해도 나타낼 수 있다고 했었지요?

예를 들어, ②번 문장은 비교급을 사용해서 직역하면 nobody는 「아무도 …않다」라는 뜻이니까 「아무도 톰보다 크지 않다.」 즉 「톰보다 키가 큰 사람은 없다.」가 되어, 톰이 가장 키가 크다는 것을 나타내주고 있습니다.

③번 문장은 이번에는 동등비교를 사용했지요? 직역하면 「아무도 톰과 비슷할 정도로 키가 크지 않다.」 즉 「톰 만큼 키가 큰 사람은 없다.」라고 되어, 이것도 결국은 톰이 가장 키가 크다는 것을 나타내고 있습니다.

일단 주의해야 할 것은 동등비교의 as ... as인데요, 부정문이 되었을 때는

제24회 최상급의 대체표현 **199**

부사의 「~ 만큼」의 as 대신에 「그토록」이라는 뜻의 so를 사용해도 된다는 점입니다. 「아무도 톰과 같이 그렇게나(so) 키가 크지 않다」와 「~ 만큼(as) 키가 크다」와 비슷하니까요.

이런 최상급의 대체표현은 중학교 때 문법적으로 배웠을 거예요. 그렇지만 제대로 그 문법적인 지식을 활용하지 못하는 사람이 있어요. 무슨 말이냐면 그동안 앞에서 배웠던 대로 "as ... as구문"의 두 번째의 as 이하 또는 비교의 문장의 than 이하는 안 쓰는 경우도 많다는 것입니다.

주의!

「더」가 있는 것하고 없는 것하고는 천지차이

요컨데, 다음 문장이 빨리 이해가 되나요?

- Tom is 180 centimeters tall and nobody in his class is taller.

「톰은 180 센티의 키다」까지는 됐지요? 문제는 그 다음. 「반에서 아무도 키가 크지 않다」라고 생각하면 안 됩니다. tall이 아니라 비교급 taller로 되어있다는 것을 알아차려야지요.

그렇다면 직역하면 「반에서 아무도 더 키가 크지 않다」가 되는 거잖아요? 하지만 「더 키가 크다」라니 누구와 비교하는 거야? 물론 키 180센티의 톰하고겠지요.

그러면 결국 Nobody in his class is taller than Tom.「반에서 아무도 톰보다 더 키가 크지 않다.」가 되니 이것은 좀 전에 이야기한 최상급의 대체표현이지요? 즉 「톰이 가장 키가 크다」의 뜻입니다.

알겠어요? 앞문장의 후반부는 「톰이 가장 키가 크다」라고 쓰여져 있는 거예요. 그런데 그 중요한 「톰이 ....」라는 문장은 어디에도 쓰여 있지 않아요. 그게 문제인 거예요.

「왜 가장 중요한 말이 안 쓰여 있을까?」라고 생각하겠지만 우리말도 사실은 비슷한 면이 있어요. 예를 들어, 「톰은 180센티나 돼. 더 키가 큰 녀석은 없어!」. 무슨 뜻이에요? 한 마디도 안 나와있지만 톰이 가장 키가 크다는 말이지요? 이런 것과 똑같단 말이지요.

그런데 여러분은 중학교 때 비교구문은 "비교급+than"으로 만든다고 배웠을 겁니다. 그 때문에 앞에서도 다루었듯이 than이 없으면 좀 전의 문장처럼 nobody is taller에서 tall이 비교급인데도 than이 없다고 비교급인 것을 알아차리지 못하는 경우가 많은 거예요.

하지만 그걸로는 「톰은 180센티나 돼. 키가 큰 녀석은 없어!」라고 밖에 해석이 안 되지요. 「더 키가 큰.......」이라고 되어 있으면 톰이 가장 키가 크다라는 뜻이 되지만 이대로라면 반 전체가 다 키가 크다라는 전혀 다른 의미가 될 겁니다.

우리말에서도 「더」가 있는 것과 없는 것은 의미가 전혀 달라지지요? 영어에서도 taller의 -er를 놓치면 전혀 의미가 틀려지는 것입니다.

동등비교라도 괜찮아요.

- Tom is 180 centimeters tall. Nobody is as[so] tall.

as나 so가 붙어있는 걸 의식해서 해석해 준다면 「톰은 180센티나 된다. 아무도 그만큼 (그렇게나) 키가 크지 않다.」와 같이 이 문장도 톰이 가장 키가 크다는 의미가 되는 것을 알 수 있지요? 「저렇게 키가 큰 녀석이 어디 있어?」라는 느낌쯤 될까요?

비교급이 되어있는 형용사의 뜻은?

그럼 다음의 응용문제를 살펴볼까요.

A: How are you?
B: I have never been better.

A는 B에게 「잘 지냈어요?」라고 안부를 물었습니다. 그랬더니 B는 위와 같이 대답했는데요. B는 잘 지낸 거예요, 못 지낸 거예요?

 .... 잘 지낸 것 같은데요?

맞아요! 근데 머뭇거렸는데 자신 있어요? 현재완료형을 사용하고 있는데 「지금까지」라는 경험을 나타내는 거겠지요. 그렇다고 「지금까지 잘 지낸 적은 없어요.」라고 해석하면 곤란합니다. '태어나서 지금까지 나는 전혀 잘 못 지냈어요' 라는 의미는 아니지요! I have never been well.이라고 되어있다면 그 뜻이 맞지만요.

주의! 여기서는 well「건강한」이라는 형용사가 비교급이 되어 있는 점에 주의해야 합니다. 이렇게 되면 「지금까지 이렇게(더) 잘 지냈던 적은 없어요.」라는 뜻이 되지요?

「이렇게」나 「더」가 붙어있는지 안 붙어있는지에 따라 우리말 뜻이 달라지지요?

「시험 어땠어?」라고 누가 물어봐요. 그러면 대답을 「잘 본 적이 언제 있었나요.」하는 것과 「이렇게 잘 본 적은 없어요.」하는 것은 천지차이지요?

그러니 좀 전의 문장도 「지금의 상태와 비교해서 더 좋았던 적은 없다.」 즉 「평생에서 지금이 가장 좋다.」라고 말하고 있는 겁니다.

알겠어요? 그럼 주제문으로 돌아갑시다.

I like skiing; in fact, nothing is more enjoyable.

 ▶ 나는 스키를 좋아합니다. 사실 더 재미있는 건 없습니다.

즉, 「스키가 가장 재미있다.」라고 말하고 있는 것이지요.
그럼 연습문제를 풀어봅시다!

연습문제 24

최상급의 대체표현에 주의하면서 해석하시오.

(1) I cannot thank you more.
(2) I never feel angrier than when I am told a lie.
(3) A : "Are you afraid of earthquakes?"
   B : "Oh, nothing makes me more terrified."

[해답편 p.286]

PART 06 숙어 읽기

제25회 군접속사란?
접속사에도 여러 가지가 있다!

주제문 ▶ He left the office the moment the clock struck 6.

잘못된 해석 ▶ 그가 사무실을 그 순간에 나와 시계가 6시를 쳤다.

무조건 「숙어」라 부르지만……

여러분은 지금까지 공부해 오면서 중학생 수준의 영어에서 벗어나 고등학생 수준의 영어를 독해할 수 있게 되었을 거예요.

수업 시작할 때 이야기했지만 중학교 때 배우는 영어에 비하면 고등학교 영어, 입시영어는 훨씬 어려워지는데 그것은 간단한 문장에 여러 가지 「덤」이 붙어서 그것들이 문장의 뜻을 파악하는 데 방해요소가 되고 있다는 말을 했었습니다. 그 「방해요소」들을 제거하기 위한 방법을 지금까지 여러분이 배워왔던 거고요.

하지만 고등학교 영어나 대입영어가 어려운 또 하나의 요소가 있습니다. 그것은 너무나 엄청난 양의 단어나 숙어가 사용되었다는 겁니다. 오히려 이 점으로 인해 여러분들이 영어가 싫고 힘들어지는 건지도 모르겠습니다.

그래서 PART VI에서는 여러분이 「숙어」라 부르는 것들을 논리적으로 다시 정리함으로서 조금이라도 싫어하는 마음을 없애 버리면 하는 바람으로 수업을 진행하도록 할 거예요.

그럼 다음 네 문장을 살펴봐요.

① He looked at the cat.
② He found the book at last.
③ He went to bed as soon as he finished his homework.
④ He went out of the room.

밑줄을 그은 부분은 모두 여러분이 「숙어」라고 부르는 것들입니다. 예를 들어, ①번 문장의 "look at"은 「~을 보다」, ②번의 "at last"는 「드디어」, ③번의 "as soon as"는 「~하자마자」, ④번의 "out of"는 「~의 밖으로」라고 중학교 때 여러분 많이 외운 것들이지요?

즉 여러분은 단어가 두 개이상 모여있고 전체적으로 뭔가 특정한 의미를 가지는 것은 무조건 「숙어」라고 부르는 겁니다. 그래서 '아이고 또 숙어야!(한숨) 또 외워야지.' 라고 울며 겨자먹기로 외우지요?

그래요. 숙어임에는 틀림없고 이런 것들은 어느 정도 암기하지 않으면 영어 독해에 지장을 주게 되지요. 하지만 그렇게 무조건 외우기 작전에 돌입하기 전에 유심히 살펴보면 이런 숙어들은 모두 문장 안에서 각각 다른 역할을 수행하고 있음을 알 수 있습니다.

예를 들어, ①번의 look at은 동사의 역할을 하고 있지요. ②번의 at last 「드디어」는 이 문장 안에서 없어도 되는데 「드디어 ...... 찾았다」와 같이 「찾았다」라는 동사를 수식하고 있기 때문에 부사의 역할을 하고 있습니다.

③번의 as soon as는 어때요? 뒤에 as soon as he finished his homework라고 문장이 이어지기 때문에 접속사입니다. 여기서 PART II에서 배웠던 사항을 기억해주었으면 하는데, 「숙제를 끝내자마자 ...... 잤다」와 같이 전체가 「잤다」라는 동사를 수식하는 부사절이 되었지요? 즉 before나 because등과 같은 역할을 하고 있는 겁니다.

④번의 out of는 전치사의 역할을 하고 있어요? 그런데 영어로 「~안으로」는 into라는 전치사로 나타내잖아요. go into the room「방 안으로 들어가다」라는 식으로 말이에요. 하지만 「~밖으로」를 나타내는 단어가 없는 거에요.

영어란 참 이상하지요? 그래서 어쩔 수 없이 go out of the room과 같이 「숙어」 "out of"를 사용하는 겁니다. 하지만 into와 out of는 단어수가 하나이고 둘이라는 점은 다르지만 문장에서 하는 역할은 같지요. 그래서 out of도 전치사입니다.

그렇다면 여러분이 「숙어」라고 부르고 있는 것들은 대개 4가지 종류로 나뉜다고 할 수 있겠습니다.

- 숙어
    ① 동사의 역할 ➡ look at 등
    ② 부사의 역할 ➡ at last 등
    ③ 접속사의 역할 ➡ as soon as 등
    ④ 전치사의 역할 ➡ out of 등

숙어를 보고 그 해석을 무조건 외우기 전에 먼저 어떤 패턴의 「숙어」인지 확실히 해둘 필요가 있습니다.

 그래서 어떤 게 제일 중요한가요?

어느 한 개가 특히 중요하다는 것은 아니지만 동사의 역할을 하는 것이나 부사의 역할을 하는 것은 무한정으로 많기 때문에 금세 다 외우는 건 무리겠지요. 그에 비해 접속사의 역할을 하는 것이나 전치사의 역할을 하는 것은 그렇게 많지 않습니다. 기껏해야 수십 개일 거예요. 그리고 역할적으로도 문장의 골격을 파악하는 데 중요하니까 이것은 외우도록 하는 게 좋겠어요.

「시간」의 군접속사

그럼 접속사의 역할을 하는 「숙어」부터 조금씩 살펴가도록 합시다. as soon as와 같이 단어가 몇 개 모여서 접속사의 역할을 하는 것을 「군접속사」라고 부릅니다. 단어가 「무리」를 이루어서 접속사의 역할을 하고 있기 때문이에요.

그런 「군접속사」중에서도 「시간」과 관련된 것은 as soon as뿐만 아니라 상당히 많습니다. 먼저 그것부터 살펴봅시다.

「~하자마자」

| As soon as
| The moment
| The minute   he got up, he began to eat breakfast.
| The instant

위의 예문에서도 알 수 있듯이 the라는 정관사까지 붙어서 아무리 봐도 명사로밖에 안 보이는 "the moment"나 "the minute", "the instant"도 접속사랍니다. moment나 instant는 원래가 「순간」이라는 뜻의 명사이기 때문에 「그가 일어난 순간에……」가 되고, minute도 「분」이라는 뜻이니까 「그가 일어났을 때와 같은 분에……」가 되어 둘 다 「그가 일어나자마자……」라는 뜻이 된다는 것을 이해하겠지요?

하지만 「그는 그 순간 일어났다 끝!」처럼 문장이 끝나는 게 아니라 「~한 순간에 ……하다」처럼 두 개의 문장을 the moment 등이 이어주고 있다는 점을 알아둬야겠습니다.

특히 이러한 부사절이 문장의 뒤에 갔을 때는 주의가 필요합니다. as soon as도 반드시 문장의 첫머리에 있다고는 할 수 없습니다.

- He began to eat as soon as he got up.

이와 같이 되어있어도 PART II에서 배웠듯이 주 문장은 「그는 먹기 시작했다」로 [　　　] 안에는 as soon as라는 접속사와 he got up이라는 문장이 붙어서 「일어나자마자……먹기 시작했다」라고 하여 동사를 수식하고 있습니다. 그렇다면,

• He began to eat the moment he got up.

윗 문장에서도 마찬가지로 접속사 the moment 이하를 절로서 [　　　]로 둘러주면,

• He began to eat |the moment he got up|.

「일어난 순간에 …… 먹기 시작했다」라고 해석할 수 있어야 한다는 겁니다. 아까부터 계속 이야기하고 있지만, 무조건 「숙어」라고 넘어가지 말고 문법적인 역할을 염두에 두자는 것은 이런 의미에서입니다.

그런데 「시간」의 군접속사는 아직도 많습니다.

「~할 때마다」
| He takes his dog | every time | he goes out. |
| | each time | |

"every time"이나 "each time"등도 역시 「~할 때마다」라는 뜻의 접속사입니다. 접속사라는 것을 의식하지 않고 「그가 개를 데리고 갈 때마다 그는 나간다.」라고 해석하는 것만으로는 안 됩니다. 역시나 [　　　]를 붙여서,

• He takes his dog |every time he goes out|.

을 뺀 「그는 개를 데리고 간다」는 게 이 문장의 중요한 흐름이며 안의 「그가 나갈 때마다」는 덤이라는 걸 염두에 두면서 「그는 나갈 때마다 개를 데리고 간다.」라고 해석해야겠지요.

마지막으로 하나만 더. 여러분은 by와 till과의 차이를 알고 있나요?

> 「~까지」와 「~까지는」
> He will wait till 6.　　　(그는 6시까지 기다릴 것이다.)
> He will finish it by 6.　　(그는 6시까지는 그것을 끝낼 것이다.)

till은 「~까지」라는 뜻의 전치사라는 거 알고 있겠지요? 그런데 우리말로 「~까지」라는 말 외에도 「~까지는」이라는 말이 있지요. 「6시까지 기다린다.」「6시까지는 끝낸다.」라고 씁니다. 모국어니까 의식하지는 않지만 무의식중에 「까지」와 「까지는」을 구분해서 사용하고 있지요?

영어도 이런 구분이 있어서 till은 「~까지」이고, 「~까지는」은 by라는 전치사를 사용합니다. 「~까지」가 till이고 「~까지는」이 by라고 해도 구분하기 어려우니까 「계속(~까지 계속된다는 뜻이니까)의 till」, 「기한(~까지는)의 by」라 부르고 있답니다.

그래서 좀 전에 나왔던 문장은 둘 다 「6시까지」「6시까지는」이라고 해서 till도 by도 전치사로 사용하고 있었지요? 접속사의 경우는 어떻게 되냐면,

> 「~까지」「~까지는」
> He will wait till she comes.　　　(그녀가 올 때까지)
> He will finish it by the time she comes.　　(그녀가 올 때까지는)

till은 위의 문장과 같이 접속사로 사용할 수 있습니다. 하지만 by는 그렇지 않아요. 그래서 대신에 "by the time"이라는 접속사를 사용하는 것이지요. 따라서 「~까지」와 「~까지는」 사이의 의미의 차이와 전치사인지 접속사인지의 차

이를 생각해서 구별해서 사용해야 합니다. 그와 동시에 by the time도 보기에는 전혀 접속사로 안 보이는데 이 또한 「시간」을 나타내는 「군접속사」란 겁니다. 그럼 주제문을 확인해볼까요.

> He left the office the moment the clock struck 6.

「잘못된 해석」은 the moment의 우리말상의 의미만 적용했을 뿐 그 문법적인 역할은 전혀 고려하지 않았습니다. 제대로 해석하면 다음과 같이 되겠지요?

▶ 시계가 6시를 친 순간 그는 사무실에서 나왔다.

「양보」의 접속사

그럼 좀 더 군접속사를 공부하도록 합시다. 앞으로도 여러분이 교과서 등에서 자주 보게 되는 매우 중요한 「양보」의 군접속사에 대해서 이야기하겠습니다.

> no matter + 의문사 「비록 ~일지라도」

예를 들면,

- No matter where you may go, I will follow you.

이와 같이 no matter에 의문사 where를 붙이면 no matter where는 「비록 어디에서 ~하더라도」라는 군접속사가 되는 것이지요. 그래서 이 문장은

「비록 당신이 어디에 가더라도 나는 너를 따라갈 것이다.」라는 뜻입니다.

예전에 matter라는 단어는 「문제이다」라는 동사로 다룬 적이 있었잖아요? 그래서 「어디에 네가 가는지는 문제가 아니다.」란 느낌이 된다고 생각해 주면 돼요.

어떤 접속사를 no matter에 붙여도 좋아요. what을 살펴볼까요? 다음 문장의 뜻도 알겠어요?

- No matter what you say, I will marry her.

 no matter what으로 「비록 ~하더라도」가 되니까 「네가 뭐라고 하더라도 나는 그녀와 결혼하겠다.」가 되는 것이지요!

그래요, 맞아요. 쉽지요? 하지만 how는 주의해야 돼요. 명사절에서도 다루었지만 how는 어순에 주의해야 되었었지요?

- No matter how good you are at tennis, you can never beat me.
  비록 네가 테니스를 잘 한다고 해도 너는 나를 이길 수 없다.

good이 왜 위와 같은 위치에 있는지 알겠지요?

군접속사에는 여러 가지가 더 있다

이상으로 대표적인 것들을 살펴보았는데 군접속사는 이것뿐만이 아닙니다. 시간 관계상 이 수업에서 다는 다룰 수가 없지만 앞으로 학교에서 배울 때마다 조금씩 외워가도록 해요. 대략 20개정도 더 있으니까요.

중요! 다시 말하지만 외울 때 「숙어니까······」와 같이 뜻만을 외우는 게 아니라 접속사라는 의식을 가지는 게 중요합니다. 그렇지 않으면, 잘 외우기만 했지 실제로 영문을 독해할 때 별로 도움이 안 될 수도 있다는 것을 알았지요?

그럼 연습문제를 풀어보세요.

이번에는 연습문제 안에 일부러 아직 다루지 않았던 군접속사를 넣어둘 게요. 연습문제를 풀면서 더 외워가도록 하세요.

연습문제 25

접속사를 유의하면서 해석하시오.

(1) It is still cold here, but by the time you arrive the spring will have come.

(2) My father often tells me that no matter where and how I live, I will not be able to live without the help of my friends.

(3) Onions don't agree with me, and every time I eat them, whether it is cooked or raw, my stomach gets upset.

(4) I am going to stay in this country as long as I can afford to.

[해답편 p.287]

제26회 군전치사
전치사에도 여러 가지가 있다!

주제문	▶ He worked all day long and because of the tiredness felt ill.
잘못된 해석	▶ 피곤을 병으로 느꼈기 때문에 그는 하루종일 일했다.

다시 한 번 군전치사란?

앞의 군접속사에 이어 이번에는 군전치사를 배웁시다. 군전치사에 대해서 앞에서 잠깐 소개했었지요? 일단 확인해 볼까요.

- go into the room ↔ go out of the room

영어에서는 「~안으로」는 전치사 into가 있지만 그 반대로 「~밖으로」라고 할 때는 out of라는 「숙어」를 써야 한다고 했었지요? 하지만 「숙어」라고 해도 전치사와 똑같은 역할을 하고 있기 때문에 out of 같은 것을 「군전치사」라 하는 겁니다.

군전치사에 대해 더 살펴볼게요.

- His house stands behind the building.
- His house stands in front of the building.

"in front of" 알지요? 「~의 뒤에」는 전치사 behind를 써서 나타낼 수 있지만 「~의 앞에」를 나타낼 수 있는 전치사가 없어요. 그래서 어쩔 수 없이 in front of를 사용하는 것이지요. 그러니 이것도 군전치사라고 부를 수 있겠지요?

여러분이 중학교 때 배워서 익히 알고 있는 군전치사는 out of와 in front of 정도이겠지만 이 외에 군전치사는 상당히 많답니다.

「원인·이유」를 나타내는 군전치사

먼저 원인·이유를 나타내는 것부터 살펴봅니다.

> 「원인·이유」를 나타내는 군전치사
> Because of
> Owing to
> Thanks to   the rain, the game was canceled.
> As a result of
> On account of

아마도 이 중에서 "because of" 정도는 본 적이 있을 거예요. because는 접속사지요? 그래서,

- Because it was raining, the game was canceled.
  비가 오고 있었기 때문에 경기는 취소되었다.

because 뒤에는 it was raining이라는 문장을 붙여서 사용합니다. 그런데 because of는 이와 마찬가지로 이유를 나타내기는 하는데 전치사의 역할을 하는 것이지요. 그래서 Because of the rain,....「비 때문에……」와 같이 뒤에 명사만을 붙여서「~때문에」가 되는 것입니다.

그 외에도 같은 뜻인 군전치사는 보다시피 꽤나 많습니다. "as a result of~"도 아주 길지만 모두 합쳐 하나의 전치사로서의 역할을 하고 있습니다. result는「결과」라는 뜻의 명사이므로 as a result of는「~의 결과로서」즉

「~때문에」가 됩니다.

"on account of~"도 account가 「이유, 설명」이라는 뜻의 명사이므로 「~의 이유 설명에 기초해서」 즉 「~때문에」이고, "thanks to~"도 「경기가 취소된 것은 비 덕분에」라는 뜻이 전하여 「~때문에」라는 뜻이 되었습니다.

"owing to"의 원어인 owe를 아나요? 「~에 빚지다」라는 뜻의 동사로,

- I owe 50,000 won to him.
  나는 그에게 5만원의 빚이 있다.

owing to는 여기서 유래된 말로, 직역하면 「경기가 취소된 것은 비에게 빚이 있다.」가 되지요.

어쨌든 왜 이유를 나타내는 군전치사가 되었는지 설명할 수는 있어도 결국은 중학교 때 배웠던 on이나 about, in과 같은 역할을 하기 때문에 궁극적으로는 암기해야 할 단어들입니다.

「역접」을 나타내는 군전치사

조금만 더 할 게요.

「역접」을 나타내는 군전치사

| In spite of
With all
For all
Despite | his poverty, he is happy. |

위의 군전치사는 모두 「~에도 불구하고」라는 뜻입니다. 접속사로 말하면

though나 although에 해당하는 셈이지요.

- Though he is poor, he is happy.
  그는 가난하지만 행복하다.

하지만 군전치사는 뒤에 문장이 아니라 명사가 따라오기 때문에 he is poor라는 문장 대신에 his poverty(poverty는 poor의 명사형)을 붙여서 「그의 가난에도 불구하고」라는 뜻이 됩니다.

먼저 "in spite of"는 spite가 「역경」이라는 뜻의 명사이므로 「가난이라는 역경 안에서도」라는 뜻이었던 게 변해서 이런 뜻이 된 겁니다.

그리고 with는 With money, I could buy it.「돈이 있으면 그것을 살 수 있을 텐데.」와 같이 「~이 있으면」이라는 뜻으로 쓰인다는 것 알고 있었어요? with가 with all his poverty ...「그의 모든 가난함이 있어도」라고 쓰여서 「~에도 불구하고」라는 뜻이 된 것이지요.

for는 He looks young for his age.「그는 나이에 비해 젊어 보인다.」와 같이 「~에 비해」라는 뜻이 있는데 그것이 For all his poverty ...「모든 가난에 비해서는......」이라는 말에서 「~에도 불구하고」가 되었답니다.

despite는 군전치사가 아니라 전치사겠지요. 단어 하나밖에 없으니까요. 단어 하나짜리 전치사는 중학교 때 배웠던 on이나 in뿐이라고 생각했었는데 더 있네요. "in spite of=despite"는 spite와 연관지어서 금방 외울 수 있겠지요?

여러 가지 설명만 길었는데 앞서 나왔던 이유를 나타내는 전치사와 마찬가지로 결국은 암기해야 할 것들이랍니다.

「목적」을 나타내는 군전치사

그럼 한 종류만 더 해봅시다.

> 「목적」을 나타내는 군전치사
>
> He went to Italy | for the purpose of | studying music.
> | with a view to
>
> (그는 음악을 공부하기 위해 이탈리아에 갔다.)

"for the purpose of"와 "with a view to"라는 군전치사는 「~하기 위해서」라는 목적을 나타냅니다. purpose는 원래가 「목적」이라는 뜻이니까 그 자체만으로 「~하는 목적을 위해서」가 되겠고 with a view to에서 view는 「보다」라는 동사이므로 여기서는 「전망」이라는 뜻의 명사로 쓰인 것이라고 생각하면 「~하는 전망을 가지고」가 되니까요.

목적이라면 to부정사로 나타낼 수도 있지요.

- He went to Italy to study music.

하지만 for the purpose of나 with a view to는 한 묶음으로 전치사의 역할을 하므로 뒤에 오는 것은 명사 아니면 동명사입니다. 그 점 주의합시다.
그리고 다음과 같은 것도 있어요.

- He left early for fear of missing the train.

"for fear of"도 군전치사입니다. fear는 원래 「두려움」이라는 뜻의 명사니까 「기차 시간에 늦는다는 두려움으로 일찍 나섰다.」 즉 「전차 시간에 늦지 않도록 일찍 나섰다.」가 되어 for the purpose of와는 정반대의 뜻이 됩니다.

문법적인 역할을 이해하면서 외우도록 하자

군전치사 중에서도 대표적인 것들을 몇 개 살펴보았습니다. 군접속사와 마찬가지로 상당히 많기 때문에 여기서 다 다루지는 않았고 또 다 다룰 필요도 없습니다.

하지만 이제부터 학교에서도 여러 가지 군전치사를 배우게 될 거예요. 그때마다 외워가지 않으면 안 됩니다. 외울 때는 접속사라면 어떤 접속사에 해당되는지, 어떤 식으로 대체표현이 되는지 확인하면서 외우도록 하면 좋습니다.

자, 그럼 주제문으로 넘어갈까요?

> He worked all day and because of the tiredness felt ill.

오래 전에 「병렬」에 대해서 배운 것 기억나요? 그리고 그때 주의사항은? 예를 들어,

- He was and still is captain of our team.

위와 같은 문장이 있다면 still is captain ... 이라고 되어있다고 해서 still이 is의 주어라고 생각하면 안 된다고 했었지요?

병렬에는 부사 등의 삽입이 꼭 따라다녔지요? 그 부분을 빼고 생각하면,

He	was	captain of our team.
	(still) is	

「그는 우리 팀의 주장이었고 지금도 변함없이 주장이다.」라고 해석할 수 있는 것이지요.

이번 주제문도 마찬가지로 He worked all day long ... 「그는 하루종일

일했다」까지는 됐지요? 그 뒤부터가 문제예요. "... and because of the tiredness felt ill"에서 because of는 전치사입니다. 전치사라면 그 다음에 이어지는 명사와 한 세트가 되는 것이었지요. 그곳을 괄호로 표시합시다.

... and (because of the tiredness) felt ill.

이렇게 되면 and felt ill이 시야에 들어오게 됩니다.

즉 worked와 felt가 병렬이 되어있어 둘 다 주어는 He라는 걸 읽을 수 있게 되는 겁니다. 이해가 안 되나요? 그림으로 나타내면 다음과 같이 되겠지요.

He	worked all day long	
	and	
	(because of the tiredness) felt ill	.

 ▶ 그는 하루종일 일하여 그 피곤함 때문에 몸이 아픈 것을 느꼈다.

그럼 연습문제에 도전해 보세요! 앞에서와 마찬가지로 여기서 다루지 않았던 군전치사를 일부러 조금 넣었어요. 문제를 풀어가면서 군전치사를 더 외울 수 있도록 합시다.

연습문제 26

다음 문장을 우리말로 해석하시오.

(1) As a result of the advance in medicine, improved sanitary condition and high standard of living, life expectancy is steadily growing in Korea. (sanitary condition : 위생상태 life expectancy : 평균수명)

(2) In spite of the fact that it is clear that we humans are doing harm to the earth, few people take it seriously.

(3) In comparison with cars, trains and buses are economical and also in terms of the preservation of nature, recommendable.
(preservation : 보호 recommendable : 추천할 만한)

[해답편 p.289]

제27회 동사구를 만드는 숙어
"동사와 그 동사를 수식하는 전치사가 떨어져 있는 숙어"

주제문 ▶	He will inform his family of his new address.
잘못된 해석 ▶	그는 새로운 주소의 가족을 알렸다.

"전치사 + 명사"에 두 가지 역할이 있다

예전에 이런 이야기를 했는데 기억나요? "전치사+명사"는 명사를 수식할 수도 동사를 수식할 수도 있다고요. 예를 들어, a book about Korea라고 할 경우에는 about Korea라는 "전치사+명사"는 「한국과 관련된 책」이라고 하여 명사를 수식하고 있지요?

반대로 cook in the kitchen이라면 in the kitchen은 「부엌에서 …… 요리하다」라고 동사를 수식하고 있었지요.

그래서 다음 문장은 두 가지 뜻을 갖게 됩니다.

- He talked about the love with Monica.

그 두 가지 뜻을 말할 수 있어요?

 음~~「그는 모니카와의 사랑에 대해 이야기했다.」

그렇지요. with Monica가 the love「사랑」을 수식한다고 생각하면 「모니카와의 사랑」이라는 뜻이 되겠습니다. 또 하나의 가능성은?

 음~~어떻게 될까?

talk with Monica라고 되어있었다면?

 「모니카와 이야기하다」

그렇지요!? ...... 그렇다면?

 아~~그렇구나! 「그는 그 사랑에 대해 모니카와 이야기했다.」

맞습니다. with Monica가 talk「이야기하다」라는 동사를 수식한다고 생각할 수도 있는 겁니다.

알겠어요? 두 가지 가능성이 있긴 하지만 talk ... with Monica라는 식으로 떨어져있는 것을 수식하는 것은 눈에 띄기 어렵고, 가까운 the love with Monica라는 부분이 먼저 눈에 들어오게 되는 거예요. 물론 어느 쪽이 정답인가는 앞뒤의 문맥으로 판단할 수밖에 없는 것이지만요.

of 「~에 대하여」

자, 그런데 여기서 여러분들에게 묻고 싶습니다. 전치사의 of는 무슨 뜻인가요?

 네? 「~의」......

「네의」??

 아니요, 「의」요.

그렇구나, 「~의」라는 뜻이구나. 놀래라. 무슨 말을 하는가 싶었지요.

그래요, 「~의」라는 뜻도 있지요. the window of the room이라고 하면 「방의 창문」이지만 그 「~의」를 해석할 때 of the room이라는 "전치사+명사"가 the window라는 명사를 수식하고 있지요. 「방의 …… 창문」과 같이요.

그럼 다음 경우는 어떨까요?

- We often talk of him.

「우리는 가끔 그의 이야기하다.」라고 하면 무슨 말인지 모르겠지요? 「그에 대해 이야기하다.」겠지요. think of him「그에 대해 생각하다」라든지…… 이렇게 보면 of는 동사를 수식할 때는 about 등과 마찬가지로 「~에 대하여」라는 뜻을 가지는 게 아닐까요?

이런 경우는 「그의 이야기하다」나 「그의 생각하다」라고 하면 말이 안 되기 때문에 잘 모르기는 해도 「그에 대해 이야기하다」「그에 대해 생각하다」라고 해석할 수 있을 거예요.

그럼 주제문을 살펴볼까요.

> **He will inform his family of his new address.**

inform은 information의 동사형입니다. information은 「정보」나 「안내」라는 뜻이므로 inform은 그런 정보나 안내를 남에게 주다, 즉 「가르치다」의 뜻인 동사입니다. 그렇다면 He will inform his family … 「그는 가족에게 가르칠 것이다」로 해석할 수 있는 듯해요.

그런데 그 다음이 문제입니다. of his new address가 뭐예요? 「새 주소의」? 「새로운 주소의 가족」이라니 도대체 어떤 가족인가요? 물론 떨어져있지만 여기서 of는 inform「가르치다」를 수식, 즉 동사를 수식하고 있는 것이니까 좀 전에 살펴봤다시피 「~를」의 뜻으로 「새 주소를 가족에게 알리다」가 되는 것입니다.

 ▶ 그는 새로운 주소를 가족에게 알릴 것이다.

look at이나 listen to, wait for와 같은 여러 가지 숙어를 배웠지요? 하지만 대부분 동사와 전치사가 붙어있는 것밖에 없었어요.

그런데 방금 배운 숙어 "inform ... of"「~를 ... 에게 알리다」는 어때요? 동사와 전치사가 떨어져있지요? 그런데 이와 같은 동사로부터 멀리 떨어져있는 of가 동사를 수식하고 있으므로 「~의」가 아니라 「~를」의 뜻을 가지고 있다고 알아차리기 어렵답니다.

그래서 이런 것은 어느 정도 「숙어」로서 외워버리는 게 낫고 반대로 「숙어」라고 불리는 것 중에서도 특히 지금까지 중학교에서는 배우지 않았던 형태의 이러한 동사와 그것을 수식하는 전치사가 떨어져있는 숙어는 중시해야 합니다.

그럼 of를 「~을/를」로 쓰되 떨어져서 사용하는 다른 숙어도 정리해 둘까요.

「동사와 그 동사를 수식하는 전치사가 떨어져있는」 숙어(1)
He reminds me of his father.
The illness | convinced | me of the importance of health.
　　　　　　 | persuaded |

먼저 위쪽 문장부터 살펴보면 remind는 mind「마음」에서 유래된 동사로 「다시 한 번 마음에 불러들이다」, 즉 「상기시키다」라는 뜻입니다. 「상기하다」가 아닌 점이 중요해요. 「상기하다」는 remember니까요. 그러면 He reminds me는 「그는 내게 상기시키다」가 됩니다.

그 다음 of his father는 아까와 마찬가지로 「그의 아버지를」이 되어 「그는 그의 아버지를 나에게 상기시킨다.」가 됩니다.
 즉 그와 아버지는 많이 닮았기 때문에 그를 보고 있으면 그의 아버지가 생각난다고 말하고 싶은 것이지요. 숙어처럼 말하면 "remind ... of~"「~(사람)를 에게 상기시키다」가 됩니다.
 아래쪽 문장의 convince나 persuade는 철자가 조금 까다로운데요 「설득하다, 납득시키다」라는 뜻입니다. 이 문장에서도 동사와 전치사가 떨어져있지만 뒤에 반드시 of「~를」이 붙어서 "convince [persuade] ... of ~"는 「~를 ...에게 설득하다」가 되므로 「병이 건강의 중요성을 나에게 납득시켰다」, 즉 「병을 앓았기 때문에 나는 건강이 중요하다고 납득했다.」는 뜻입니다.
 이런 「동사와 전치사가 떨어져있는」 숙어의 중요성을 이해했나요? 전치사의 뜻을 확인하면서 조금씩 이런 숙어들을 외워가도록 합시다.

부정을 나타내는 from

 그럼 전치사 from을 쓰는 숙어를 살펴볼까요? from은 from Seoul「서울에서」와 같이 뒤에 지명이 와서 기점을 나타내는 데 사용됩니다. 하지만 동사와 전치사가 떨어져있는 숙어에서 사용하면 대개는 부정의 뜻을 나타내게 됩니다.
 무슨 말이냐면 「금지하다」라는 뜻의 동사가 뭔지 아세요? 좀 어려운 단어일지 모르는데 prohibit이나 ban 같은 단어가 그에 해당됩니다.
 이런 단어들은 어떻게 사용하냐면,

「동사와 그 동사를 수식하는 전치사가 떨어져있는」 숙어(2)

| The law | prohibits / bans | children from smoking. |

(법은 어린이가 담배를 피우는 것을 금지한다.)

이와 같이 "prohibit ... from~", "ban ... from~"처럼 from과 붙어서 「...가 ~하는 것을 금지하다」라는 식으로 사용되는 것이지요.

나는 이 from을 사용하면서 동사와 떨어져있는 숙어를 「안티 5형식 문장」이라고 농담으로 부르기도 합니다. 예전에 "tell+사람+to do형"의 5형식 문장에 대해서 배웠지요? 잠깐 복습해보면,

> The teacher told the students to study hard.
>   주   술   주'   술'
> (그 선생님은 학생들에게 열심히 공부하라고 말했다.)

"주어+술어"가 두 쌍 있고 "tell+사람+to do"「(사람)이 ~하도록 명령하다」나 "ask+사람+to do"「(사람)이 ~하도록 부탁하다」 등 「~하게 하다」라는 사역의 의미를 띠는 그런 말이었습니다.

from을 쓰는 숙어는 이런 "tell+사람+to do형"의 5형식 문장의 정반대가 되는 것 같지 않아요?

> The law prohibits children from smoking.
> 주   술   주'   술'
> (법은 어린이가 담배를 피우는 것을 금한다.)

이렇게 두 쌍의 "주어+술어"가 있는 점은 같지만 「금지하다」라는 말은 결국 「못하게 하다」라는 뜻이지요? 크게 보면 「하게 하다」라는 뜻이 되는 5형식 문장에 반대되는 문형이라고 할 수 있지 않을까 생각한 것이지요. 어때요, 알 것 같아요?

자, 다른 예도 살펴볼까요?

> 「동사와 그 동사를 수식하는 전치사가 떨어져있는」 숙어(3)
>
> The rain | kept | him from coming.
> | hindered |
> | prevented |
>
> (비는 그가 오는 것을 막았다.)

 keep이나 hinder, prevent는 「막다」라는 뜻의 동사입니다. 그것들이 from과 붙어서 「(사람)이 ~하는 것을 막다」가 되는 것이지요. 여기서도 소위 「못하게 하다」라는 「안티 5형식 문장」의 성격을 띠고 있는 것을 알 수 있지요?

 그런데 그 「안티 5형식 문장」중에서도 가장 납득이 가는 게 discourage라는 동사라고 생각합니다. courage라는 단어 알아요? 「용기」라는 뜻의 명사입니다. encourage가 되면 「용기를 북돋아주다, 격려하다」라는 뜻의 동사가 되고요. 이 동사는 어떻게 사용하냐면 "tell+사람+to do형"의 5형식 문장으로 사용해서,

- He encouraged his son to study English.
  그는 아들이 영어를 공부하도록 격려했다.

라고 하여 「~하게 하다」의 뜻이 됩니다. 하지만 이 encourage의 반의어에 discourage라는 단어가 있습니다. 「~하는 용기를 잃게 하다」라는 뜻이므로 「~하지 않도록 충고하다」, 「~을 못하게 하다」라는 뜻의 동사인데 이것은 "discourage ... from~"이라는 형태로 씁니다.

- He discouraged his wife from buying it.
  그는 부인이 그것을 사지 않도록 충고했다.

 encourage의 용법과 discourage의 용법을 비교해 보면 from이 「안티 5

형식 문장」을 만든다는 걸 느낄 수 있지요?

그래서 이런 숙어는 한꺼번에 외워버리면 되는데 역으로 말하면 이렇게 전치사의 역할을 제대로 알고 있다면 예를 들어, 「금지하다」의 prohibit이라는 단어는 상당히 어렵고 외우기 어렵지요? 하지만 "prohibit ... from~"이라는 형태로 사용되고 있으면 혹시 prohibit의 의미를 잊어버렸더라도 「~못하게 하다」라는 뜻이겠구나라고 하여 전치사를 보고 동사의 의미를 추측할 수 있는 것입니다. 그런 이점도 있답니다.

into는 「변화의 결과」를 나타낸다

into도 마찬가지입니다. into는 「~안으로」라고 외웠을 텐데 동사와 떨어져 있으면 「변화의 결과」를 나타내게 됩니다.

예를 들면,

- Heat changes water into vapor.
  열은 물을 증기로 바꾼다.

change는 「바꾸다」라는 뜻의 동사인데요, Heat changes water「열은 물을 바꾼다」라고만 하면 물을 무엇으로 바꾸는지 모르잖아요? 그 부분을 into로 표현하는 겁니다. 「증기로」라는 부분을요.

그래서 "change ... into~"「...을 ~로 바꾸다」라는 전치사와 떨어진 형태의 숙어가 되는 것이지요.

하지만 「바꾸다」라는 뜻의 단어는 많이 있지요? 우선 turn이 있고, 불교에서 기독교로 개종한다는 의미의 convert, 그 외 transform「변형하다」 등 여러 가지가 있습니다.

그래도 이 모두는 change와 같은 형태로 사용합니다.

```
「동사와 그 동사를 수식하는 전치사가 떨어져있는」 숙어(4)
    change
    turn
    convert      ... into ~
    transform
```

외우는 게 힘들지요? 하지만 from부분에서 썼듯이 이런 것은 「외워야지!」하고 마음먹는 게 아니라 전치사에서 동사의 의미를 상상할 수 있으면 그걸로 되는 것입니다. 그래서 동사의 의미를 기억하지 못해도 이와 같이 into가 사용되었으면 「바꾸다」라는 느낌을 가지는 동사라고 추측할 수만 있으면 그걸로 되는 것입니다.

다음 문장을 볼까요?

- The scientist divided those animals into three groups.

이 문장의 동사로 사용된 divide의 뜻은 모르더라도 "divide ... into~"라는 형태로 쓰인 것이므로 「과학자는 그 동물들을 세 개의 그룹으로 ~했다」라는 뉘앙스구나 생각하면 대충 뜻은 알 수 있겠지요? 원래는,

```
"divide ... into~"        ...을 ~로 나누다
```

라는 숙어입니다.

그리고 다음은 어때요?

- He translated the letter into English.

이 문장도 「그는 그 편지를 영어로 ~했다」고 생각하면 뜻은 알겠지요. 원래는,

> "translate ... into~"   ···을 ~로 번역하다

라는 숙어인데요.

수험생들에게 늘 이야기하지요. 단어나 숙어를 많이 아는 것은 대단한 일이지만 단어나 숙어의 뜻을 추측할 수 있는 게 더 대단하다고요.
단어나 숙어를 많이 외웠다고 해도 모르는 말은 나오기 마련이에요. 그렇다면 그럴 때 일일이 사전을 찾지 않아도 뜻을 아는 게 더 좋다고 생각하지 않나요?
이 장에서는 숙어를 다루고 있는데 그 점 오해없기 바랍니다. 여러분들에게 숙어를 암기하라고 하는 게 아닙니다. 숙어를 봤을 때 의미를 추측할 수 있는 실력을 키워줬으면 하는 거예요.

with 「~로 ···을 채우다」

자, 그럼 하나만 더 동사와 전치사가 떨어져있는 숙어를 볼까요? 마지막은 with 입니다. with는 「~와 함께」라고 기억하고 있지요? 하지만 다음 문장을 봐주세요.

- He presented her with a doll.

뜻을 알겠어요? present라는 단어는 물론 「선물을 주다」라는 뜻의 동사입니다. 하지만 「그는 인형과 함께 그녀를 주었다」?

무슨 말인지…., fill이라는 단어 알지요? 「가득 차게 하다」라는 뜻입니다. 어떤 식으로 사용하지요?

- He filled the bucket with water.
  그는 물통을 물을 가득채웠다.

이와 같이 "fill ... with~"「~로 ...을 가득채우다」라는 식으로 쓴답니다. present도 마찬가지예요. "present her with doll"은 「인형을 사용해서 그녀를 채워주다」라는 느낌인 겁니다. 그녀가 생일인데 그녀의 마음을 인형으로 채워준다는 것이지요.
그런 느낌을 염두에 두고 다시 한 번 살펴봅시다.

- He presented her with a doll.
  그는 인형으로 그녀를 채웠다. ➡ 그는 그녀에게 인형을 주었다.

이와 같이, with를 동사와 떨어진 숙어로 사용하는 동사는 대체로「~로 ...을 채우다」, 즉「...에게 ~을 주다」라는 느낌을 나타내게 됩니다.
그럼 하나 더 유명한 숙어를 배워 둡시다.

- The sun provides us with light and heat.

이 provide는 「공급하다」의 뜻의 동사입니다. 하지만 용법은 역시나 "provide ... with~"라는 형태예요. 아까와 마찬가지로 「태양은 빛과 열로 우리를 채워준다.」라는 느낌으로 받아들여주었으면 합니다. 그러면 「태양은 우리에게 빛과 열을 공급한다.」라고 해석이 되지요.
또 하나 furnish라는 동사를 알아요? furniture는 「가구」라는 뜻의 명사이지요? 그것의 동사형이에요. 가구의 동사형이라니 상상하기 어려울지도 모르지만 여러 가지 가구나 비품을 「장착하다, 비치하다」라는 뜻이랍니다. 하지만 뜻 뿐만 아니라 그 용법에도 주의할 필요가 있습니다.

- They furnished their office with new type of computers.

똑같지요? 「사무실을 신형 컴퓨터로 채우다」라는 말은 「사무실에 신형의 컴퓨터를 비치한다」가 되는 겁니다. 그래서 "furnish ... with~"「...에 ~을 비치하다」가 됩니다.

자, 오늘은 이 정도로 해둘까요? 여기에 예를 든 것은 극히 일부분에 지나지 않지만 어떤 식으로 생각해야 하는지는 여러분들이 알았을 거라 믿어요. 나머지는 여러분들의 노력에 달렸습니다. 조금씩 이런 숙어들을 외워가도록 하세요.

연습문제 27

다음 문장을 우리말로 해석하시오.

(1) I wonder if the technology has changed our society into a better one.
(2) I was surprised to hear about the money he paid for the old oil painting.
(3) The passengers informed of the delay were disappointed.
(4) We human beings are endowed with the ability to speak.

[해답편 p.291]

PART 07 추가정보 읽기(상급편)

제28회 계속적 용법의 관계사(1)
관계사에 콤마가 붙어있을 때

주제문 ▶ We took a map with us, which helped to find the way.

잘못된 해석 ▶ 우리는 길을 찾는 데 도움이 된 지도를 가지고 왔다.

who나 which는 보통은 한정적 용법

이번부터 시작되는 PART VII「추가정보 읽기(상급편)」는 말 그대로 상급편이라 꽤 어려울 거예요. 하지만 여기까지 잘 따라온 사람이라면 이해할 수 있을 테니 열심히 해봅시다!

우선 관계사의「계속적인 용법」이라는 것을 하겠습니다. 관계사라면 이미 PART I에서 많이 했지요? 하지만 PART I에서 배운 것은 관계사의「한정적 용법」이었답니다.

또 관계사라 질린다고요? 더 이상 새로운 관계사는 나오지 않습니다. 지금까지 배웠던 who나 which 등의 관계사의 다른 용법을 알아보자는 겁니다.

알겠어요? 여러분들이 이미 알고 있는 who나 which 등의 관계사는 두 가지 용법이 있어서 하나는 한정적 용법, 또 하나는 계속적 용법입니다. 여러분이 중학교 때부터 익숙하게 봐왔던 것이 한정적 용법이에요. 잠깐 복습해 볼까요?

- The man who is standing over there is Mike.

괄호를 붙이고 해석할 수 있겠지요.

> The man (who is standing there) is Mike.

「그 남자는 마이크다」가 이 문장의 가장 중요한 흐름이고 그 중에서 「그 남자」에 「저기에 서있는」이라는 수식어가 붙어있는 것입니다.
여기서 생각해야 할 게 왜 이런 수식어가 필요했나 하는 겁니다. 무슨 말이냐면 「쟤가 마이크다!」라고 간단하게 말하면 되잖아요, 왜 굳이 「저기에 서있는......」과 같은 쓸데없는 말을 붙이는 걸까요?

 더 알기 쉬우니까요.

맞아요. 만약에 지금 이 교실에 학생이 한 명밖에 없다고 합시다. 그래서 그 애가 마이크라고 다른 사람에게 말해주고 싶은 거예요. 그럴 때 마이크를 두고 「저기에 서있는 빨간 셔츠 입은 안경 낀 남자가 마이크야.」라고 말한다면 오히려 더 복잡해지지요? 한 명밖에 없다면 그냥 손가락으로 「쟤가 마이크야!」라고 가리켜도 되잖아요.
이번엔 반대로 이 교실에 100명의 학생이 있는데 그 중에서 한 명을 가리키고 싶을 때 뭐라고 말할까요? 「거기, 안경 낀 빨간 셔츠 입은 자네! 이 문제 답은 어떤 거야?」라고 묻겠지요. 「자네, 답은 어떤 거지?」라고 말해봤자 지명당한 사람은 자기가 지명된 것도 모를 거예요.
무슨 말이냐면 「저기에 서있는」이라든지 「빨간 셔츠를 입은」과 같은 수식어는 「쟤」나 「자네」라고 해도 누군지 모를 만큼 많은 사람들이 있을 때 누구를 가리키는지 오해받지 않게 붙이는 말이라는 겁니다.

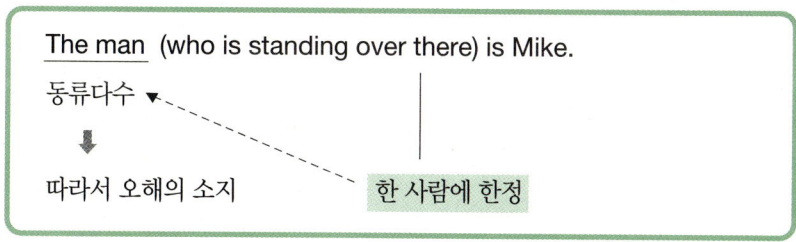

이런 용법일 때 「아, who라는 관계사는 한정적 용법으로 쓰인 것이구나!」라고 말합니다.

계속적 용법은 콤마 사이에 있다

그럼 계속적 용법의 관계사의 용법은 어떤 것인가요?

- My father, who is working for an American company, speaks English very well.

윗 문장의 who를 두고 계속적 용법으로 사용되는 who라고 합니다. 먼저 표면상의 특징은 평소에 괄호를 표시한 데에 이미 괄호 표시가 되어있어서 관계사의 묶음이 콤마와 콤마로 싸여있는 상태가 되어있습니다. 이것은 우리에게 희소식이지요? 어디서부터 어디까지가 괄호야? 이렇게 머리를 싸맬 필요가 없으니까요.

그럼 해석해 보세요.

 「미국 회사에서 일하시는 저의 아버지는 영어를 잘 하신다.」

그래요, 이와 같이 늘 하던대로 해석하면 뜻은 통해요. '그럼 콤마가 무슨 상관이야, 상관없잖아'라고 생각하는 사람도 있지요? 그런데 그게 아닙니다.

좀 전의 한정적 용법의 who를 생각해 보세요. 「저 남자는 마이크다」라고 하면, 그 자리에는 많은 남자가 있기 때문에 「저 남자」라고 해도 누구를 가리키는지 몰라서 오해받을 소지가 있습니다. 그래서 「거기에 서있는」이라는 수식어를 붙여서 「자고 있는 남자」나 「앉아있는 남자」와 구별하려고 했던 것입니다.

그런데 이번 문장은 어떨까요? 「나의 아버지는 영어를 잘 한다」라고 하면 수식어가 없다고 오해를 받을 소지가 있나요? 「나의 아버지」라고 하면 어느 「아버지」인지 알 수 없어서 그런 오해를 피하려고 「미국기업에 근무하는 쪽의 아버지」라고 말하는 걸까요?

그렇지는 않겠지요. 그래서 이런 관계사는 많은 사람들 중 한 명으로 한정짓기 위해 필요한 게 아니라 말 안 해도 전혀 오해의 소지는 없지만 그저 덧붙이는 식의 설명으로 쓰인 것입니다. 그래서 덧붙인 부분은 덧붙인 부분답게 삽입구와 같이 간주되어 콤마와 콤마 사이에 끼어있는 거예요.

이 콤마는 우리가 봐서는 있으나 없으나 마찬가지로 보이지만 원어민들에게는 만약 콤마가 없으면 그야말로 「어! 이 사람은 아버지가 몇 명이야?」라는 느낌을 주게됩니다. 신기하지요? 아무튼 절대적으로 필요한 콤마랍니다.

주의!

관계사가 이유를 나타내다

어렴풋이나마 이해가 가나요? 자, 그럼 이런 관계사를 봤을 때 어떻게 해석하면 되는지 그걸 생각해봅시다.

다시 한 번 아까 그 문장을 보면,

- My father, who is working for an American company, speaks English very well.

이 문장을 해석한 학생은 who라는 관계사가 콤마 사이에 끼어서 계속적 용법으로 쓰였다는 것은 상관없이 「미국의 회사에서 일하고 계신 나의 아버지는 영어를 잘 하신다.」라고 해석했어요. 그게 잘못되었다는 건가요?

결론부터 말하면 그걸로 된 거예요. 단, 이 경우에 한해서 말입니다. 우리말로는 「미국의 회사에서 일하고 계신 나의 아버지」라고 했다고 해서 듣는 사람이 설마 「아니? 『미국의 회사에서 일하고 계신』이라고 굳이 말하는 걸 보면 이 사람에게는 그 아버지 말고 다른 아버지도 있겠구나!」라고는 생각하지는 않지요. 그래서 콤마가 있든 없든 무시해서 해석해도 안 되는 건 아닙니다.

하지만 영어든 우리말이든 무슨 언어든 말하지 않아도 되는 것은 말하지 않는 게 보통입니다. 이 문장도 마찬가지예요. 「나의 아버지는 ……」이라고만 하면 「아, 저 분이 아버지구나!」라고 충분히 전달이 될 텐데 왜 굳이 「미국의 회사에서 일하고 계신 나의 아버지는 ……」이라고 말하는 걸까요? 불필요한 문장 아닌가요?

어때요? 모두 고개를 갸우뚱하고 있네요. 이것은 은근히 이유를 나타내고 있다는 생각이 안 드나요? 「미국의 회사에서 일하고 계신 나의 아버지는 영어를 잘 하신다」라는 것은 실은 「나의 아버지는 미국 기업에서 일하고 계시기 때문에 영어를 잘 하신다」라는 말이 아닌가요?

주의!

영어로 하면 다음과 같이 됩니다.

> My father, who is working for an American company,
> (= because he)
> speaks English very well.

쓸데없는 말은 아무도 안 한다는 것이 언어의 대원칙입니다. 그렇다면 불필요하게 보이는 것에도 무엇인가 의미가 있다는 것이지요. 그리고 그 의미는 이런 식으로 이유를 나타내고 있기도 한다는 것으로 더 쉽게 접속사 (이 경우에는 because)로 대체가 가능하다고 할 수 있습니다.

그 후의 향방은 and로 대체해서 읽는다

납득이 안 가나요? 그럼 한 문장 더 연습해 봅시다.

- She baked a cake, which her children ate.

이 경우도 관계사 which 앞에 콤마가 붙어있으니까 계속적 용법입니다. 이 콤마를 무시해서 해석해 볼까요? 「그녀는 아이들이 먹었던 케익을 구웠다.」가 됩니다. 뜻은 알 것 같기도 한데 그래도 어색하지요?

왜 어색한가 하면 시간의 흐름이 역전되어 있기 때문이에요. 그녀가 케익을 굽고 그 후에 아이들이 먹는 게 아닌가요? 그게 뒤집혀있기 때문입니다.

그럼 왜 그런 해석이 나왔는지? 그것은 콤마를 무시해서 억지로 뒤에서부터 「거꾸로 읽기」를 시도했기 때문이에요. 그녀가 구운 케익은 원래 하나 밖에 없어요. 「아이들이 먹었던 케익」과 「아이들이 (맛이 없어서) 안 먹었던 케익」이렇게 두 개 있는 게 아니에요. 그래서 「그녀가 케익을 구웠다」고 해준다면, 「어느 쪽 케익이야?」라고 묻는 사람이 이상하겠죠?

하지만 앞에서 살펴 본 문장은 굳이 「미국의 회사에서 일하고 계시기 때문에」라는 이유가 덤으로 붙어있던 겁니다. 이번 문장도 약간의 덤이 붙어 있다고 할 수 있어요. 「그래서 그 뒤에 케익은 어떻게 됐어?」라는 그 후의 향방이 나타나 있는데 영어로는 which는 and로 대체할 수 있다는 겁니다.

> She baked a cake, which her children ate.
> (= and+it)

「그녀는 케익을 굽고 그리고 그것을 아이들이 먹었다.」라고 해석할 수 있는 것이지요.

다시 한 번 정리해둡시다. 콤마가 붙어있는 관계사는 원래 불필요한 부분이에요. 그런데 왜 붙어있냐면 「왜?」라는 이유를 나타내거나 「그래서?」라는 그 후의 향방이 쓰여있는 겁니다. 그래서 because나 and로 대체해서 읽어야 한다는 겁니다.

그럼 because로 할지 and로 할지는 어떻게 구별하냐고요? 그것은 여러분이 문맥으로 판단해야지요. 하지만 모르면 전부 and로 해버리면 일단은 OK입니다. 왜냐하면 처음에 나왔던 문장도 「나의 아버지는 미국의 회사에서 일하고 계시고 그리고 영어를 잘 하신다.」로 and같이 「그리고」로 해석해도 말이 되지요?

자, 그럼 주제문으로 갈까요?

> We took a map with us, which helped to find the way.

콤마가 붙어있는 which를 "and+it"으로 대체해서 해석해 볼까요.

▶ 우리는 지도를 가지고 왔고, 그리고 그 지도는 길을 찾는데 도움이 되었다.

그럼 연습문제를 풀어보세요.

연습문제 28

계속적 용법의 역할에 주의하면서 해석하시오.

(1) Seoul, which has a large population, is not always a good place to live in.
(2) Graham Bell invented the telephone, which later had a great influence on the way people live.
(3) He invited to the party all his friends, some of whom didn't come.

[해답편 p.292]

제29회 계속적 용법의 관계사(2)
앞 문장의 내용도 받는 ", which"

주제문	▶ She said nothing, which made him angry.
잘못된 해석	▶ 그녀는 그를 화나게 한 것은 아무 것도 말하지 않았다.

", which"는 it의 성격을 이어받는다

앞에서 콤마 사이에 낀 관계사를 공부했습니다. 오늘은 계속해서 공부하는데 잠깐 복습해 볼까요?

• I wrote to my friend, who replied two days later.

reply는 「답하다, 대답하다」라는 뜻이지요. 해석할 수 있겠어요?

 네. 「나는 친구에게 편지를 썼고 그리고 그 친구는 이틀 후에 답장을 주었다.」

그렇지요. ", who"는 "and+he"로 대체해서 해석하면 되는 것이었지요. 그런데 이 콤마를 무시해서 억지로 뒤에서부터 읽어서 「나는 이틀 후 답장을 준 친구에게 편지를 썼다.」라고 해석하면 무슨 말이지 통하지 않게 되지요?
그럼 다음 문장은 어때요?

• He sent me a letter, which I received two days later.

 음.. 「그는 나에게 편지를 썼다. 그리고 나는 그것을 이틀 후에 받앉다.」

그래요. 이것도 ", which"를 "and+it"으로 대체해서 해석하면 되는 것입니다. 여기까지는 앞서 배웠던 것인데 이 콤마가 붙은 관계사 중에서도 ", which"에 관해서만은 특수한 용법이 있습니다. 오늘은 그것을 공부합시다.
먼저 다음 예문을 봐주세요.

- The baby broke the vase, which made the mother angry.

자, 지금까지와 같은 방법으로 해석해 주었으면 하는데요.

네. ...... 「그 아기는 꽃병을 깼다. 그리고 그것은 어머니를 화나게 했다.」?

맞아요. 아까와 마찬가지로 ", which"를 "and+it"으로 대체해서 해석해 주었어요. 그걸로 된 거예요. 그런데 지금 「그리고 그것은 어머니를 화나게 했다.」라고 해석했는데 「그것」이 뭔가요?

 어? ...... 「꽃병을 깨뜨린 것」아닌가요?

맞습니다!
중학교 때 이후 it이라는 단어는 지금까지 나왔던 명사를 가리킬 때도 있었지만 「그 일」이라는 식으로 앞쪽에 쓰여있는 것을 막연히 가리키는 적도 있었지요? 그렇다면 "and+it"으로 대체할 수가 있는 ", which"에도 그 성격은 이어져있다라는 말이 됩니다.

", which"는 앞의 문장 전체를 가리킬 때도 있다

어려운가요? 그럼 구체적으로 다시 한 번 생각해 봅시다.
좀 전의 문장을 다시 한 번 살펴볼까요?

- He sent me a letter, which I received two days later.

이 문장의 ", which"을 정석대로 "and+it"으로 대체해보면,

주의!

- He sent me a letter, and I received it two days later.

가 되지요. 여기서 it은 무엇을 가리키냐면 물론 a letter입니다.
그럼 방금 그 문장은 어떨까요?

- The baby broke the vase, which made the mother angry.

여기서 ", which"도 "and+it"으로 대체해볼까요?

- The baby broke the vase, and it made the mother angry.

이 문장을 해석하면 「그 아기는 꽃병을 깨뜨리고 그리고 그것은 어머니를 화나게 했다」라고 해석하지요. it은 앞의 문장인 「아기가 꽃병을 깨뜨린 것」을 가리키고 있습니다.
이것을 문법 참고서에서는 「", which"는 앞의 문장 전체, 또는 일부를 선행사로 할 수 있다」라고 쓰여있는데 그런 규칙은 외우지 않아도 됩니다. 계속적 용법의 ", which"를 보면 우선 "and+it"으로 대체합니다. 그리고 어쩌면 it은 바로 앞의 명사를 가리키고 있는지도 모르고 앞의 문장 전체를 가리키고 있는지

도 모르는 그 상황입니다.

그럼 하나 더 예를 들 게요.

- She smiled, which showed that she was satisfied.

satisfied는 「만족하다」라는 형용사입니다. 해석해 볼까요?

 「그녀는 미소지었다. 그리고 그것은 그녀가 만족했다는 것을 보여주었다.」

「그것」이 뭐예요?

 「그녀가 미소지었다」는 것이지요?

그래요. 그러니 which는 "She smiled"라는 앞의 문장 전체를 가리키는, 선행사가 됩니다. 계속적 용법의 ", which"의 「특수한 용법」이라고 할 수 잇습니다.

그럼 주제문으로 돌아갈까요?

She said nothing, which made him angry.

자, 이 문장의 ", which"를 "and+it"으로 대체해 봅시다.

- She said nothing, and it made him angry.

 ▶ 그녀는 아무 말도 하지 않았으며, 그리고 그것이 그를 화나게 했다.

그럼 연습문제로 가볼까요?

연습문제 29

", which"의 성격에 주의하면서 해석하시오.

(1) He didn't mind giving a hand to his friends, which made him popular among his friends.

(2) He bought a new type of computer, which saved him a lot of trouble in writing the paper.

(3) He is always punctual, which I believe is the evidence that he is reliable.

[해답편 p.293]

제30회 분사구문(1)
분사에도 계속적 용법이 있다

주제문	▶ Our daughter Beth, living in France, seldom comes to see us.
잘못된 해석	▶ 프랑스에 살고 있는 우리 딸 베스는 좀처럼 우리를 보러오지 않는다.

설명이 끼어들어 구별할 수 있게 해준다

이번부터는 분사구문에 대해 배우겠습니다. 중학교 때 배웠던 분사를 기억해요? PART I에서도 잠깐 다루었지만 분사에도 앞에서 배운 관계사 부분에서 살펴본 계속적 용법이 있다는 겁니다.

먼저 잠깐 복습하겠습니다.

- The man standing over there is Mike.

윗 문장이면 쉽게 해석할 수 있겠지요? 이 문장의 진짜 흐름은 The man ... is Mike라는 부분인데 그 The man ...의 뒤에 standing over there 「거기에 서있는」이라는 설명이 끼어들고 있는 것입니다. 그래서 전체적으로는 「거기에 서있는 남자가 마이크입니다.」라고 해석하는 것이지요.

그런데 왜 이런 길고 귀찮은 분사가 있는 걸까요?

그 이유는 말할 것도 없이 관계사 때와 같습니다. 「그 남자는 ......」이라고 해도 지금 여기에는 「남자」가 너무 많아서 구분이 가지 않습니다. 그래서 「저기에 서있는」이라는 설명을 붙여줌으로서 「앉아있는 애도 아니고 누워있는 애도 아니고 서있는 애가 마이크야.」라고 구별을 할 수 있게 해주는 것입니다. 주의!

```
The man  (standing over there)  is Mike.
  ↑              |
동류다수         한 사람으로 한정
```

「덤」의 분사는 콤마의 사이로

다음 문장은 어때요?

- Mike, working all day long, was tired.

온 세계를 다 찾는다면 마이크라는 이름의 남자는 많겠지요? 하지만 내 주위에서는 마이크라고 하면 한 사람 밖에 없어서 「아아, 쟤」라고 금방 알 수 있다고 합시다. 그럴 때 위의 문장을 보고 「하루종일 일하고 있는 마이크는 피곤했다.」라고 아까처럼 「하루종일 일하고 있는」을 「마이크」를 수식하듯 읽을 필요가 있을까요?

왜냐면 내 주위에는 마이크는 한 사람 뿐인 거잖아요? 「하루종일 일하고 있는 마이크」나 「하루종일 누워서 텔레비전만 보고 있는 마이크」등 여러 가지 마이크가 있는 게 아니란 것이지요.

그래서 「하루종일 일하고 있는」이라는 설명을 굳이 「마이크」에 붙여서 「다른 마이크」와 구별할 필요는 애초부터 없는 겁니다. 그런 「덤」같은 분사는 삽입구로서 앞뒤에 콤마를 붙여주는 것입니다. 관계사의 계속적 용법과 비슷하지 않나요?

그럼 콤마가 붙여진 분사를 어떻게 해석하느냐? 그것도 관계사와 똑같습니다. 사실은 분사부분은 불필요했던 것이지요? 그런데도 왜 있냐면 덤으로 이유를 나타내거나 「그 후 어떻게 되었는지?」 뒷일을 나타내주기 위해 있는 것이므로 because나 and같은 접속사로 대체할 수 있다는 겁니다.

앞의 문장도 「마이크는 피곤했다」라고 하면 충분히 말하고자 하는 바는 듣는 사람에게 전달되는데 덤으로 working all day라는 게 붙어있는 것이지요. 이것은 이유를 나타낸다고 생각하면 적당할 것 같은데요?

> Mike, working all day long, was tired.
> = because he worked all day long

이렇게 머리 속에서 대체해서 「마이크는 하루종일 일했기 때문에 피곤했다.」라고 해석해주면 되는 것입니다.

어때요? '앞서 배운 관계사와 완전히 같잖아,' 하는 표정들이네요. 그래요, 맞아요.

이런 「덤」같은 분사를 「분사구문」이라고 부르는데 미국에서나 영국에서나 영어를 쓰는 나라의 문법책을 보면 이런 것은 너무 쉬워서 굳이 명칭을 붙여서 부르고 있지도 않습니다. 비영어권 국가에서만 「어, 이게 분사구문이군!」하고 긴장을 유발하는 듯 딱딱한 명칭으로 부른다는 것이지요. 그 정도 어려운 것은 아니라고 보는데 말이에요.

순서를 바꾸어 말해도 된다

그렇지만 이 분사구문이 관계사의 경우와 조금 다르기 때문에 주의해야 할 점도 있답니다. 그것은 순서에 관한 것입니다.

아까 나왔던 문장을 약간 순서를 바꾸어서 다음과 같이 말해도 상관없어요.

- Working all day long, Mike was tired.

Mike의 뒤에 삽입구같이 끼어있었던 working all day long이라는 분사가 문장의 첫 머리에 온 것입니다.

보통의 분사라면 이런 일은 못하지요. the man standing over there「저기에 서있는 남자」와 같이 the man이라는 명사를 한정하는 역할을 하는 분사는 the man의 바로 뒤에 넣어주지 않으면 안 되겠지요.

하지만 앞서 이야기했다시피 분사구문의 경우는 이게 덤이 되는 것입니다. 앞의 문장은 Mike was tired라고 말하면 충분히 의사 전달은 되고 working all day long은 덤으로 이유를 나타내며 because he worked all day long이 되는 것이었지요?

그럼 다음 두 문장을 비교해보세요.

① Mike, because he worked all day long, was tired.
② Because he worked all day long, he was tired.

만약에 단순히 because와 같은 역할을 하는 거라면 어느 쪽이 읽기가 쉬워요? 둘 다 문법적으로는 옳은 문장이에요. ①번 문장처럼 삽입구가 되는 것보다 ②번 문장같이 나누어서 쓰여진 게 읽기가 쉽지요? 분사구문도 마찬가지로 무리하게 삽입구로 하지 말고 문장 첫 머리에 써버리는 것입니다. 그렇게 한 게 좀 전에 나왔던,

- Working all day long, he was tired.

라는 문장입니다. 그러니까 이런 문장을 보면 방금 한 것과 마찬가지로,

= Because he worked all day long, he was tired.

라고 머리 속에서 대체해서 읽어주면 되는 것입니다.

시간의 흐름을 거슬리지 않는다

여기서 어? 하고 의문을 느낀 학생 없나요? because니까 문장 뒤에 붙일 수도 있겠지요?

- He was tired, because he worked all day long.

이렇게요. 그렇다면 because와 같은 역할을 하는 분사구문도 뒤에 두어서,

△ He was tired, working all day long.

라고는 쓸 수 없을까요? 하지만 이 문장은 문법적으로는 옳지만 그다지 좋은 문장이라고 볼 수는 없습니다. 왜냐하면 문장 속의 이 사람은 일해서 피곤했던 것이지요? 즉 시간의 흐름에 따라서 생각하면 먼저 일하고 그 후에 피곤한 거잖아요. 문장을 쓸 때는 그 시간의 흐름이 역전하지 않는 편이 읽기 쉽다는 겁니다.

그런데 이 문장은 먼저 「피곤했다」(He was tired)라는 게 앞에 있고 그 뒤에 「하루종일 일했다」(, working all day)라고 되어있어요. 왠지 자연스러운 흐름이 아닌 것입니다.

내 말 뜻을 알겠지요? 그럼 다음 문장은 어떨까요?

- Our train started from Seoul at 8, arriving at Jeonju at 11.

뒤에 arriving이라는 분사가 있지요? 「도착」하는 건 누구예요? 물론 「우리의 열차」입니다. 자, 그럼 왜 「열차」의 바로 뒤에 삽입구처럼 넣어서,

✗ Our train, arriving at Jeonju at 11, started from Seoul at 8.

이라고 하거나 아까처럼 문장의 첫 머리에 두어,

> ✗ Arriving at Jeonju at 11, our train started from Seoul at 8.

이라고 하지 않았을까요?

각각의 문장의 arriving라는 동사와 started라는 동사의 위치를 확인해주었으면 하는데 만약 위와 같이 하면 두 문장 모두 arrive가 start보다 앞에 나와버리지요? 열차는 먼저 「출발」해서 그리고 「도착」하는 것이니까 그러면 자연스러운 흐름이 안되는 것이지요.

그래서 어쩔 수 없이 삽입으로 하지도 않고 문장 첫 머리에도 두지 않고 문장의 마지막에 두었던 것입니다.

(주의!)

접속사로 대체해서 읽다

반대로 말하면, 다시 한 번,

- Our train started from Seoul at 8, arriving at Jeonju at 11.

윗 문장을 보면 먼저 arriving이라는 분사에 주목할 것. 그리고 뒤에 있지만 시간의 흐름대로 하려면 원래는 Our train 바로 뒤에 와야 할 분사라고, 즉 「도착하다」라고 되어있지만 그 주어는 「우리의 열차」라고 알아차려야 합니다.

역시나 접속사로 대체해서 읽어도 되는데 이번에는 because는 아닌 듯해요. 관계사와 마찬가지로 이 분사구문에는 단순히 「그래서 어떻게 됐어?」라는 「그 뒤의 일」이 덤으로 쓰여있는 것이라 생각해서 and로 대체하는 것이 가장 좋을 것 같습니다.

> Our train started from Seoul at 8, arriving at Jeonju at 11.
> = and it arrived

「우리의 열차는 서울을 8시에 출발해서 그리고 전주에 11시에 도착했다.」라고 해석하면 되는 겁니다.

어때요? 알겠어요? 그럼 주제문으로 돌아갈까요.

> Our daughter Beth, living in France, seldom comes to see us.

「잘못된 해석」에 되어있듯이 「프랑스에 살고 있는 우리 딸 베스는 ……」라고 분사를 명사에 붙여서 해석하더라도 의미는 통합니다. 하지만 가능한 한 이런 식으로는 해석 안 하는 게 좋아요. 「우리 집의 베스」라고 하면 한 사람밖에 없는 거니까요. 그러니 이 분사는 덤이지요. 그럼 무엇 때문에 붙어있는 걸까요? 아마도 좀처럼 놀러오지 않는 이유를 나타내는 것이라고 생각할 수 있겠습니다. 그래서 because로 대체해서,

- Our daughter Beth, because she lives in France, seldom comes to see us.

로 해서,

 ▶ 우리 딸 베스는 프랑스에 살고 있기 때문에 좀처럼 우리를 보러 오지 못한다.

라고 해석하는 게 좋을 것입니다.

이 문장은 다음과 같이 고쳐써도 되는 겁니다.

- Living in France, our daughter Beth seldom comes to see us.

하지만 반대는 안 되겠지요. 「프랑스에 살다 → 가끔 귀국한다」라는 순서를 생각하면 알겠지요?

이것으로 분사구문 첫 회는 마칩니다. 그럼 연습문제를 잘 풀어보세요.

연습문제 30

분사의 역할에 주의하면서 해석하시오.

(1) The Korea Train Express connects Seoul with Busan, enabling people to make a round trip in a day.

(2) Smoking a lot, he is always coughing.

(3) The Han River, flowing through Seoul, was once the backbone of the agriculture of Seoul.

[해답편 p.294]

제31회 분사구문(2)
과거분사의 분사구문

주제문 ▶ His house stands on the hill, surrounded by many trees.

잘못된 해석 ▶ 그의 집은 많은 나무로 둘러싸인 언덕 위에 있다.

과거분사의 구문도 같다

　중학교에서 배웠던 또는 PART I에서도 공부했던 분사에는 현재분사와 과거분사의 두 개가 있습니다.

- The man standing over there is Mike.
- The man painted in this picture is Mike.

　「저기에 서있는 남자」와 같이 「~하고 있는」의 뜻을 나타내는 현재분사, 즉 ~ing형과 「이 그림에 그려져있는 남자」와 같이 「~되어있다」「~하게 되다」라는 수동의 뜻을 가지는 과거분사 이렇게 두 개가 있단 말입니다.
　그래서 앞에서는 ~ing형, 즉 현재분사를 계속적 용법으로 사용하는 것을 배웠는데 이번에는 과거분사도 같다는 것을 공부하려고 해요.

- The houses built of wood catches fire easily.

　먼저 윗 문장을 봐주세요. 해석할 수 있지요?

 「나무로 지어진 집은 타기 쉽다.」

그렇지요. 왜 「나무로 지어진 ……」이라고 되어있어요?

 「집은 타기 쉽다」라고 하는데 집은 타기 쉬운 것만 있는 게 아니니까요.

그렇습니다.

집이라고 해도 목조도 철근콘크리트도 있어요. 모두 타기 쉬운 재질은 아니지요. 그 중에서도 <u>목조의 집이</u> 타기 쉽다고 이 문장을 쓴 사람은 주장하고 싶었던 거예요.

그림으로 그리면 다음과 같이 되겠지요.

> The houses (built of wood) catches fire easily.
>   └──────┬──────┘
>   한정하는 역할
> (집이라도 여러 종류의 집이 있으므로.)

콤마를 앞뒤에 찍어서 이유를 나타낸다

그럼 이번에는 다음 문장은 어때요?

- Korean traditional houses, built of wood, catches fire easily.

아까 문장과 닮았지만 <u>분사가 콤마 사이에 끼어있는 것</u>을 알 수 있지요? 왜일까?

 ……?

어려운가요? 아까 문장에서는 「집은 타기 쉽다」라고만 했기 때문에 오해를 받을 소지가 있지요? 잘 안 타는 재질도 있으니까요. 콘크리트로 지어진 집이라든지 말이예요. 하지만 이번 문장에서는 어때요? 분사의 부분을 빼고 「한국의 전통적인 가옥은 타기 쉽다.」라고 하면 오해를 받을까요?

 음~~ 그런 것 같진 않은데요?

그렇지요. 그럼 왜 「나무로 지어진 한국의 전통가옥」이라는 설명을 빼도 문제가 없을까요?

 ……한국의 전통가옥이면 나무로 만들어진 것이니까요.

그래요! 그림으로 나타내면 이렇게 될까요.

Korean traditional houses, (built of wood), catches fire easily.
　　　　　　　　　　　　불필요한 설명

(우리나라의 전통가옥은 나무로 만들어졌음.)

그럼 왜 이런 덤이 붙어있는 걸까요?

 이유………인가요?

그래요. 다시 쓰면 다음과 같이 됩니다.

- Korean traditional houses, because they are built of wood, catches fire easily.

> 주의! 그래서 우리말로 해석할 때도 「한국의 전통가옥은 나무로 지어져 있기 때문에 타기 쉽다.」라고 이유답게 해석해주는 게 좋겠어요.

앞이나 뒤로 가져가도 OK

참고로 현재분사와 마찬가지로 문장의 첫 머리로 가져가도 좋아요.

- Built of wood, Korean traditional houses catches fire easily.

라고 되어있어도 똑같이 해석할 수 있어야겠지요.
하지만 built of wood를 문장의 마지막에 가져가는 것은 곤란할 거예요. 「짓다 → 타다」라는 순서라면 이해가 가지만 「타다 → 짓다」는 너무 하지 않나요.
그래도 다음 문장이라면 분사를 뒤로 보내도 될 것입니다.

- He was born in France, educated in Paris.

educate는 「교육하다」라는 뜻의 단어인데 시간의 흐름으로 봐서 「태어나다 → 교육을 받다」가 되니까요.

> 주의! 그런데 뒤에 붙은 분사구문은 약간의 주의가 필요하답니다. 하나는 과거형으로 혼동해서 「그는 프랑스에서 태어나 파리에서 교육했다.」라고 해석하지 않도록 해야 합니다.

만약 과거형이라면 「태어났다」라는 문장과 「교육했다」라는 문장 두 개가 있는 거니까 and든 뭐든 접속사가 필요합니다.

- He was born in France, and educated ...

와 같이 말이에요. 만약 과거형이라면 「교육했다」라니 누구를 교육한 걸까요? educated의 뒤에는 「~을」에 해당하는 명사, 즉 목적어가 안 오면 이상하겠지요.

바로 앞의 명사를 수식하는 일반 분사와 혼동하지 않는다

그리고 또 하나는 바로 앞의 명사를 수식하는 일반 분사와 혼동하지 않도록 해야 합니다.

- I received a letter written in French.

라고 되어있으면 written in France라는 분사는 바로 앞에 있는 명사 a letter를 수식해서 「불어로 쓰여진 편지」가 되겠지요.

- He was born in France, educated in Paris.

라는 문장도 educated를 이런 분사라고 생각한다면 「파리에서 교육받은 프랑스」라고 해석이 되지요? 의미가 너무 이상하잖아요?

그래서 형태는 많이 비슷하지만 educated는 과거형도, 바로 앞의 명사를 수식하는 분사도 아니라 분사구문이라고 생각해서 머리 속에서,

- He was born in France, <u>and he was educated</u> in Paris.

라고 고쳐 써서 「그는 프랑스에서 태어나 그리고 파리에서 교육받았다.」라고 해석해줄 수 있어야 하는 겁니다.

그럼 주제문으로 돌아갈까요?

> His house stands on the hill, surrounded by many trees.

단어가 어려운가요? surround는 「둘러싸다」라는 뜻의 동사입니다. 「잘못된 해석」에서 어느 부분이 틀렸는지 알겠어요?

「그의 집은 많은 나무로 둘러싸인 언덕 위에 있다.」

「.......의 나무로 둘러싸인 언덕」이라고 surrounded를 단순히 동사로 생각해서 바로 앞의 「언덕」이라는 명사를 수식하고 있는 것처럼 해석해 버린 게 잘못이었어요. 언덕이 나무에 둘러싸여 있는 것도 이상하지요? <u>그의 집이 나무에 둘러싸여있는</u> 것이겠지요? 그렇다면 이 surrounded는 분사구문이 됩니다. 다시 고쳐 써보면,

- His house stands on the hill, <u>and it is surrounded</u> by many trees.

 ▶ 그의 집은 언덕 위에 세워져 있고 많은 나무로 둘러싸여 있다.

자, 그럼 연습문제에 도전해 보세요.

연습문제 31

분사에 주의하면서 해석하시오.

(1) Written in plain English, this book is good for beginners.
(2) Japanese people, compared with other peoples, are punctual or at least try to be so.
(3) The factory lies in the south of Incheon, furnished with high-tech machinery.

[해답편 p.295]

자, 이것으로 영어 읽기의 「입문교실」은 끝입니다. 여러분은 이것으로 영어문장과 싸우기 위한 기본적인 아이템은 모두 손에 넣었어요. 이제 뭐하냐고요? 두말하면 잔소리! 이 아이템들을 무기 삼아 가능한 한 많은 영어와 접해 보세요!

행운을 빕니다. 어디선가 다시 만나요. 그럼 안녕!!

연습문제 PART 01~07 해답·해설편

연습문제 01   [본편 p.18]

(1) Houses [which are built of wood] take fire easily.
> ▶ 주어에 관계사가 붙어있는 경우는 간단하다. 괄호를 닫으면 바로 동사가 나오므로 판단하기 쉽다.
> [해답] 나무로 지어진 집은 쉽게 불이 붙는다.

(2) He put the book [which he had in his hand] on the desk.
> ▶ put「놓다」는 무엇을 어디에 놓는지가 쓰여 있지 않으면 어색하다는 것을 생각하면 된다.
> [해답] 그는 책상 위에 [손에 들고 있던] 책을 놓았다.

(3) The teacher told the student [who was late for the lesson] to tell the reason.
> ▶ "tell+사람+to do"「(사람)이 ~하도록 명하다(말하다)」를 알고 있으면 된다.
> [해답] 선생님은 수업에 지각한 학생에게 그 이유를 말하도록 명했다.

(4) She showed the picture [which she took in Paris] to her friends.
> ▶ 이것도 (2)번 문제와 마찬가지로 show「보여주다」는 누구에게 무엇을 보여주는지가 나타나 있을 것이라는 점을 염두에 두자.
> [해답] 그녀는 파리에서 찍었던 사진을 그녀의 친구들에게 보여주었다.

연습문제 02   [본편 p.28]

(1) He is the man [whom we elected ↑ captain of our team].
> ▶ 괄호를 표시하는 것은 쉽지만 elected the man captain…「그 남자를 주장으로 선출했다」의 「그 남자를」의 부분이 whom으로 바뀐 점에 유의하자. 따라서 「우리가 주장을 선출한 남자」가 아니라 「우리가 주장으로 선출한 남자」인 것이다.
> [해답] 그는 우리가 주장으로 선출했던 남자다.

(2) The time [which it took ↑ to do the job] was longer than we thought.

▶ 이것도 화살표의 위치가 중요하다. ...it took to do라고 이어서는 안 된다. take는 「(시간 등이)필요하다, 걸리다」라는 뜻이 있다는 것을 기억하면 된다. 예를 들어, It takes 30 minutes to get to Seoul station. 「서울역에 도착하는 데 30분 걸린다.」라면 화살표를 take 다음에 표시하면 된다는 것을 알 수 있다.
〔해답〕 이 일을 하는 데 걸렸던 시간은 우리가 생각했던 것보다 길었다.

(3) The object [which I thought ↑ was a snake] was a stone.
▶ thought에서 괄호를 닫으면 안 된다. 본문에서도 비슷한 형태를 다루었기 때문에 알고 있을 거라 생각되지만 괄호 안은 원래 **I thought the object was snake**「나는 그 물체가 뱀이라고 생각했다」였다고 생각하면 되는 것이다.
〔해답〕 내가 뱀이라 생각했던 물체는 바위였다.

(4) The man [who I thought ↑ was my teacher] was his brother.
▶ 앞의 문제와 마찬가지로 thought에서 괄호를 닫으면 안 된다. 괄호 안이 **I thought the man was my teacher**「나는 그 남자가 나의 선생님이라고 생각했다」가 된다는 걸 알면 된다.
〔해답〕 내가 선생님이라 생각했던 남자는 그의 형이었다.

연습문제 03   [본편 p.40]

(1) The hill [on which his house stands ↑] is full of beautiful flowers.
▶ 밑줄 친 on which는 원래 on the hill로, **his house stands on the hill**이었다고 생각할 수 있다. 그렇다면 이 문장은 「그의 집은 언덕 위에 세워졌다」라는 문장과 「그 언덕은 아름다운 꽃으로 가득하다」라는 문장이 합쳐진 것이다. 그러나 본문에서도 이야기했듯이 on은 문법적으로는 중요하지만 해석할 때는 굳이 「~위로」라고 하지 않아도 된다.
〔해답〕 그의 집이 세워져 있는 언덕은 아름다운 꽃으로 가득하다.

(2) The supermarket [which we went to ↑ yesterday] was very cheap.
▶ 이것은 앞의 문제와 반대로 "전치사+관계대명사"의 형태가 아니고 전치사 to가 뒤에 있다. 물론 원래는 ...went to the supermarket yesterday라 되어 있었을 것이다.
〔해답〕 어제 우리가 갔던 수퍼마켓은 매우 저렴했다.

(3) English is a language [the knowledge of which you need ↑ if you want to succeed in the world].
▶ 이것은 본문에서 냈던 「너무나 어려운 질문」과 같은 수준의 문제이다. 괄호를 표시한 부분 the knowledge of the language「그 언어의 지식」이 the knowledge of which라는 형태로 바뀌어 문장 첫 머리에 나와있는 것이다. 그것을 화살표 위치로 되돌려보면 you need the knowledge of the language if you want to succeed... 「만약 당신이 세계적으로 성공하고 싶다면 당신은 그 언어의 지식이 필요하다」라고 되어 있음을 알 수 있다. 그렇다면 매끄럽게 해석하기가 약간은 어렵지만 다음과 같이 해석할 수 있을 것이다.
〔해답〕 영어는 당신이 세계적으로 성공하고 싶다면 그 지식을 필요로 하는 언어이다.

(4) The mountain [at the foot of which he lives ↑] is famous for its beauty.
▶ 이것도 많이 어려울 듯. 하지만 괄호 안은 원래 He lives at the foot of the mountain「그는 그 산의 기슭에 산다」라고 생각할 수 있다. 그렇다면 해석은 다음과 같다.
〔해답〕 그가 그 기슭에 살고 있는 산은 그 아름다움으로 유명하다.

연습문제 04 [본편 p.47]

(1) He bought the picture [which he found ↑ at the antique shop] for 100,000 won.

▶ He bought the picture...가 와서 그 뒤에 갑자기 he found, 즉 "S+V"가 왔으니 뭔가 이상하다. '관계사가 생략됐구나,' 하고 알 수 있어야 한다. for 100,000 won 앞에서 괄호를 닫는 것도 잊지 말 것.
〔해답〕 그는 골동품 가게에서 발견했던 그 그림을 10만원에 샀다.

(2) You must do something for the society [which you are in ↑].
▶ you are in 앞에 관계사가 생략된 것이라는 건 알 수 있겠지만 무슨 뜻인지 파악할 수 있었는지? 괄호 안은 원래 you are in the society「당신은 그 사회 안에 있다」였다고 생각할 수 있겠다. 그렇다면 the society (which) you are in은「당신이 살고 있는 사회」라고 해석할 수 있다.
〔해답〕 당신은 당신이 살고 있는 사회를 위해 무엇인가를 해야 한다.

(3) The road [which his house stands on ↑] leads to Busan.
▶ 이것은 쉬웠을 것이다. on이 왜 필요한지 생각하길.
〔해답〕 그의 집이 위치한 길은 부산으로 이어진다.

(4) He left the country [which he was born in ↑] to live in Australia.
▶ 이것도 관계사가 생략되었음을 쉽게 간파할 수 있고 왜 in이 있는지도 금방 알 수 있을 것이다. 괄호는 마지막에 있는 to부정사의 바로 앞에서 닫아야 한다. 마지막 to부정사는「호주에서 살기 위해서 그 나라를 떠나다」라는 식으로 leave를 수식하고 있기 때문이다.
〔해답〕 그는 호주에서 살기 위해서 그가 태어난 나라를 떠났다.

연습문제 05 [본편p.55]

(1) The man [injured ↑ in the accident] was carried to the hospital.
▶ The man injured...의 부분을 주어와 동사의 과거형이라고 생각하면 안 된다. injure는「~에 상처를 입히다」라는 뜻의 동사. The man injured in the accident...를「그 남자는 사고로 상처를 입혔다」라고 해석해 버리면「누구에게?」상처를 입혔는지 안 쓰여있어 이상하다. 즉 본문에서 이야기했다시피

injure「상처를 입히다」의 뒤에 화살표가 있는 것이다.
따라서 이것은 과거형이 아니라 과거분사형으로 그 뒤로 이어지는 in the accident까지가 한 묶음으로 이 문장에 끼어들어서 the man을 수식한다는 것을 알면 된다.

〔해답〕 그 사고로 상처 입은 남자가 병원으로 수송되었다.

(2) Foreign tourists [visiting Korea] are surprised that trains are always punctual there.

▶ 본문에서 이야기했다시피 현재분사는 문제 없을 것이다.

〔해답〕 한국을 방문하는 외국인 여행객들은 그곳 기차가 언제나 시간을 지키는 데에 놀란다.

(3) Most of the students [studying at this college] are satisfied with the lessons.

▶ 이것도 앞의 문제와 마찬가지로 현재분사이므로 금방 알 수 있을 것이다.

〔해답〕 이 대학에서 배우는 대부분의 학생들은 수업에 만족하고 있다.

(4) A lot of birds [named ↑ 'Kkekkori' because they sing 'kkekore'] live in this area.

▶ name「~을 …라고 이름짓다」의 「~을」의 부분에 화살표가 들어간다는 것을 알면 된다. 괄호를 닫을 위치를 제대로 맞출 수 있었는지?
괄호 바깥쪽은 「많은 새들이 이 지역에 산다」라고 생각해서 위와 같이 괄호를 표시해야 한다. 그러면 괄호 안쪽도 name birds Kkekori because they sing kkekore 「'꾀꼴' 이라고 울기 때문에 새를 '꾀꼬리' 라고 이름짓다」로 해석이 되는 것을 알 수 있다. because 등의 접속사가 나오더라도 이와 같이 생각하면 된다.

〔해답〕 '꾀꼴' 이라고 울기 때문에 '꾀꼬리' 라 불리는 새가 이 지역에 많이 산다.

연습문제 06　　　　　　　　　　　　　　　　　　　　[본편 p.64]

(1) He cut [with the knife] the apple [which he found ↑ on the table].
　▶ 먼저 cut「자르다」의 뒤에 무엇을 자르는 것인지 안 쓰여 있다는 점에 주목해서 with the knife를 괄호로 묶어주면 된다. 그 뒤에 있는 the apple이야말로「사과를 자르다」가 되어있었을 것이라 생각하면 되는 것이다. the apple he found...가 되는 건 이상하니까 여기에 관계사가 생략되었음을 발견할 수 있으면 된다.
　〔해답〕 그는 테이블 위에서 발견한 사과를 칼로 잘랐다.

(2) She wrote [in her letter] that she liked [very much] the birthday present [which I had sent her ↑].
　▶ wrote의 뒤 [in the letter], liked의 뒤 [very much]를 각각 괄호로 묶어주고 She wrote that she liked the birthday present...「그녀는 생일선물이 마음에 들었다고 썼다」라는 원래의 흐름을 잡아주면 된다. 또한 the birthday present 뒤에 관계사가 생략되었다는 사실을 발견할 수 있었는지?
　〔해답〕 그녀는 편지에 내가 보낸 생일선물이 마음에 들었다고 썼다.

(3) She put [in the pan] everything [which she found ↑ in the refrigerator] and began to cook it.
　▶ put 뒤 [in the pan]을 괄호로 묶고 everything의 뒤에 관계사가 생략되었다는 것을 알면 된다.
　〔해답〕 그녀는 냉장고 안에서 발견한 모든 것을 냄비에 넣어서 조리하기 시작했다.

연습문제 07　　　　　　　　　　　　　　　　　　　　[본편 p.75]

(1) |Why he didn't say anything about it| is not clear.
　▶「~은 분명하지 않다」는 것이 이 문장의 큰 흐름으로 주어 자리에 명사절이 있다는 것을 알 수 있을 것이다.

〔해답〕 왜 그가 그것에 대해 아무 말도 하지 않았는지 명확하지 않다.

(2) That smoking is harmful to health is now known to everyone.
▶「~은 지금 모든 사람들에게 알려져있다」라는 것이 이 문장의 큰 흐름이며 그 주어 자리에 that절, 즉 명사절이 끼워졌음을 알 수 있을 것이다.
〔해답〕 담배를 피우는 것이 건강에 해롭다는 것은 지금 모든 사람들에게 알려져있다.

(3) He wrote [in his letter] why he didn't want to come to the party.
▶ 먼저 앞에서 한 것처럼 부사구 in his letter가 끼어들고 있을 뿐이라는 것은 알 수 있을 것이다. 그리고 He wrote that...과 같이 write 뒤에 that절이 이어지는 것은 자주 볼 수 있는 형태이지만 why절은 that절과 역할이 같다, 즉 명사절이라는 것을 감안하면 He wrote why...「그는 왜 ~인가 말했다」가 된다.
〔해답〕 그는 편지에 왜 그가 파티에 오기를 원하지 않았는지를 썼다.

(4) How good you are at English makes no difference.
▶ "make no difference"는 「차이가 없다」, 즉 「중요하지 않다」라는 의미의 관용적인 표현. 이 문장의 큰 흐름은 「~는 중요하지 않다」라고 되어있는 것을 알 수 있다. 그리고 그 주어에 how라는 접속사를 사용한 명사절이 끼워져있는 것이다.
 그러나 how는 어순에 주의할 필요가 있다. 「어느 정도~」라는 뜻으로 사용되는 how는 중학교 때 배웠던 의문문에서도 How old are you?와 같이 how에 old 등 형용사나 부사를 붙여서 쓰는데 명사절을 만드는 접속사에서도 마찬가지이다. You are good at English.「너는 영어를 잘 한다.」가 How good you are at English「네가 얼만큼 영어를 잘 하는지」라는 형태로 명사절을 만드는 것이다.
〔해답〕 네가 얼만큼 영어를 잘 하는지는 중요하지 않다.

연습문제 08   [본편 p.81]

(1) When he was born is not clear.
▶ 위와 같이 ☐로 둘러싼 부분이 주어가 되는 것을 알 수 있다. 그렇다면 When...은 명사절로 앞에서 배웠다시피「언제 ~하는지」라고 해석할 수 있을 것이다.
[해답] 그가 언제 태어났는지는 분명하지 않다.

(2) It doesn't make any difference to us when she will come.
▶ 문장의 첫 머리의 It은 가리키는 바가 없다. 즉 이것은 가주어로 진주어는 문장 끝의 ☐로 둘러싼 부분이라 추측할 수 있다. 그렇다면 뒤쪽에 있기는 하지만 when...은 주어로 명사절이라는 것을 알 수 있다. 따라서「~할 때」가 아니라「언제 ~하는지」라고 해석해야 한다.
[해답] 언제 그녀가 오는지는 우리에게 중요하지 않다.

(3) Whether you agree or not, I will marry her.
▶ 문장 첫머리의 Whether...의 부분을 빼더라도 I will marry her「나는 그녀와 결혼할 것이다」가 되어 문장이 성립된다. 그렇다면 문두의 ☐은 부사절이다. 양보로서,「비록 ~하더라도」라고 해석해야 한다.
[해답] 네가 찬성하든 그렇지 않든 나는 그녀와 결혼할 것이다.

(4) He asked me [in his letter] if I was doing well at school.
▶ if를「만약~」이라고 해석해서는 물론 안 된다. 제6회의 수업에서도 다루었듯이 [in his letter]의 부분을 빼버리면 ☐는「그는 내게 ~을 묻다」의「~」의 부분에 해당된다는 것을 알 수 있다. 그렇다면 명사절이므로「~인지 아닌지」라고 해석해야 한다.
[해답] 그는 편지에서 내가 학교에서 잘 지내고 있는지 어떤지를 물었다.

연습문제 09   [본편 p.89]

(1) He talked about what he watched ↑ on TV.

▶ [_____]의 부분은 「그는 TV에서 ××을 보았다」이다. 그렇다면 「그가 텔레비전에서 무엇을 보았는지」 또는 「그가 텔레비전에서 본 것」이라고도 해석될 수 있겠다. 이 경우는 어느 쪽이든 상관없다.

[해답1] 그는 TV에서 무엇을 보았는지에 대해 이야기했다.
[해답2] 그는 TV에서 본 것에 대해 이야기했다.

(2) He exchanged |what he had ↑ with him| for that knife.

▶ 먼저 [_____]을 어디에 두르는지 주의. "exchange A for B"「A를 B와 교환하다」라는 걸로 봐서 for 이하는 [_____]에 들어가지 않는다. 「그는 [_____]을 그 칼과 교환했다」라는 것이 이 문장의 큰 흐름이라고 생각할 수 있다.

그리고 [_____]의 부분인데 「그는 ××을 몸에 지니고 있었다」이다 (have ~with him은 「그와 함께 ~을 가지고 있다」니까 「몸에 지니고 있다」라는 뜻이 된다). 이 경우 what은 「그가 몸에 지니고 있었던 것」과 같이 「~것」이라고 해석하면 좋을 듯하다.

[해답] 그는 몸에 지니고 있었던 것을 그 칼과 교환했다.

(3) |What ↑ is certain now| is

|that the world is getting warmer and warmer|.

▶ 먼저 what ... now가 주어라는 것을 파악하는 게 중요하다. 이 부분은 원래 「××이 지금 확실하다」라고 되어있었을 것이다. 그렇다면 「지금 확실한 것」이라고 해석할 수 있을 것이다. is 다음의 that절은 쉽게 해석할 수 있을 것이다.

[해답] 지금 확실한 것은 세계가 점점 더 더워지고 있다는 것이다.

(4) |What you think ↑ is interesting| is not always interesting to other people.

▶ 본문의 「너무나 어려운 문제」와 같은 수준의 어려운 문장이다. 먼저 [_____]를 어디까지 둘러주는지가 문제다. 위와 같이 제대로 둘러주었는지? 이같이 바르게 둘러줄 수 있었다면 이 문장의 큰 흐름이 「[_____]가 다른 사람에게도 언제나 재미있는 것은 아니다」인 것을 알 수 있을 것이다. 그리고 [_____]안은 원래 「당신은 ××가 재미있다고 생각한다」라는 것을 알

수 있다. 이것도 「~것」이라고 해석하는 게 좋다.
〔해답〕 당신이 재미있다고 생각하는 것이 다른 사람들에게도 언제나 재미있는 것은 아니다.

연습문제 10 [본편 p.99]

(1) People are sometimes surprised to find that they are not what they think they are ↑ .
▶ 먼저 [_____]을 잘 둘러줄 수 있었는지? 화살표를 표시해서 그 부분을 생각하면 「그들은 자신이 ××라고 생각한다」라는 것을 알 수 있다. 그렇다면 매끄럽게 해석하기는 어렵지만 이 [_____]는 「그들이 생각하는 자신의 모습」이라고 해석할 수 있겠다. 그렇다면 They are not what they think they are는 「그들은 그들이 생각하는 모습이 아니라는 것」, 즉 「자신은 이런 사람이라 생각하고 있는데 사실은 그렇지 않다」라는 뜻이 될 것이다.
〔해답〕 사람들은 때로 그들이 생각하는 모습과 그들이 다르다는 것을 발견하고 놀란다.

(2) What we think ↑ a good medicine often does us harm.
▶ 주어 자리에 what의 [_____]가 있는 것을 알 수 있다. [_____]의 안을 살펴보면 「우리는 ××을 좋은 약이라고 생각한다」라는 것을 알 수가 있다. "do+사람+harm"은 「(사람)에게 해를 끼치다」라는 뜻의 관용적인 표현이다.
〔해답〕 우리가 좋은 약이라고 생각하는 것이 흔히 우리에게 해가 된다.

(3) Pasta is [in Italy] what rice is ↑ to us .
▶ 본문에 비슷한 문장이 있었기 때문에 이 문제도 알 수 있을 거라 생각된다. [_____]의 안은 「쌀은 우리에게 ××다」라고 되어 있었던 것이다. 그렇다면 의역하여 「우리에게 있어 쌀과 같은 역할」이라고 해석할 수 있을 것이다. 그리고 [in Italy]라는 부사구를 제외하고 생각하면 된다.
〔해답〕 이탈리아에서 파스타는 우리에게 있어 쌀과 같은 역할을 한다.

(4) He has made this company |what it is ↑ now|.
▶ 먼저 ☐☐☐☐을 생각해보자. 원래는 「이 회사(it)는 지금 ××이다」라고 되어 있었을 것. 그렇다면 「이 회사의 현재의 모습」이라고 해석하면 될 것이다.
〔해답〕 그는 이 회사를 현재의 모습으로 만들었다.

연습문제 11 [본편p.108]

(1) We sometimes cannot sleep because we are excited
by the event | [which we have had ↑ that day]
or
[which we will have ↑ the next day]

▶ 왜 ...or which라 되어있는지? 이렇게 되어 있다는 건 이 부분 앞에 관계대명사가 있어서 관계대명사끼리 or로 병렬되어 있다는 것을 추측할 수 있다. 하지만 이 부분 앞에 관계사는 보이지 않는다.

그러니 by the event we have had... 의 부분에 관계사가 생략되어 있음을 간파할 수 있는지가 관건이 된다. 이것을 간파했다면 해석이 훨씬 쉬워진다. 위와 같은 병렬이 성립되어있기 때문에 the event which we have had that day「우리가 그날 가졌던 행사」와 the event which we will have the next day「우리가 다음 날에 가질 행사」라는 두 가지 흐름이 있다는 것을 알 수 있다.
〔해답〕 우리는 그날 있었던 행사나 다음날 있을 행사로 흥분되어 있었기 때문에 때때로 잠을 잘 수가 없다.

(2) The teacher | is satisfied | with his students
and
the students | | with their teacher |.

▶ 이것도 자주 볼 수 있는 영어문장의 형태이다. and the students with their teacher를 그대로 「그리고 선생님과 함께 있는 학생들」이라고 해석하면 안 된다. 위의 그림과 같이 with에 주목해서 with his students와 with their teacher를 병렬로 나란히 놓는다. 그렇게 하면 남은 the student는 the teacher와 병렬이 안 되는 걸 알 수 있다. 즉 가운데의 is satisfied를 공통으

로 사용해서 앞뒤로 두 군데의 병렬이 있다는 것을 알 수 있다.
[해답] 선생님은 학생에게 만족하고 있고 학생들은 선생님에게 만족하고 있다.

(3) Chameleons | see | [with their right eye] what is | happening | on their right
and
[with their left eye] what is | | on their left
and
[when some danger approaches] escape quickly.

▶ 먼저 문두의 Chameleons see…「카멜레온은 보다」의 뒤 with their right eye「오른쪽 눈으로」를 괄호로 표시할 수 있었는지? what is happening on their right는 「무엇이 오른편에서 일어나고 있는지」라고 해도 「오른편에서 일어나고 있는 것」이라고 해도 괜찮다. 그 뒤에 오는 and의 병렬은 위의 그림과 같이 쉽게 해석할 수 있을 것이다.

하지만 그 뒤 두 번째 and이하는 어떨까. and when some danger approaches escape quickly라고 되어있지만 when … approaches「어떤 위험이 나가올 때는」이라는 부사절을 괄호로 묶어 두면 escape라는 동사가 보인다. 그렇다면 이 동사가 see라는 동사와 병렬되어 있다고 생각하면 되는 것이다.

[해답] 카멜레온은 오른쪽 눈으로 자신의 오른편에서 일어나고 있는 일을 보고 왼쪽 눈으로 자신의 왼편에서 일어나고 있는 일을 보며 어떤 위험이 다가올 때는 재빨리 도망친다.

연습문제 12 [본편p.112]

(1) These days people talk a lot of about ecology, the science [dealing with relations between man and the environment].   동격

▶ ecology와 the science…가 동격이다. dealing…은 science를 수식하는 분사.

[해답] 최근 사람들은 인간과 환경의 관계를 다루는 과학인 생태학에 관해 많이 이야기한다.

(2) The sun gives <u>the inhabitants of the earth</u>, <u>the plants and animals</u>, heat and light.
                                             동격

▶ 쉬운 듯하면서도 조금 복잡한 문제다. gives가 동사라면 그 뒤는 「~에게 …을」이 이어져야 할 것이다. 그러니 마지막 heat and light가 「…을」의 부분에 해당된다.

그렇다면, 길지만 그 앞에 있는 the inhabitants of the earth, the plants and animals가 「~에」에 해당될 것이다. 「지구의 주민」은 인간만이 아니다. 식물도, 인간을 포함한 모든 동물이 지구의 주민이다. 그렇다면 지구의 주민은 곧 식물들, 동물들이라는 형태로 동격이 성립되어 있다고 할 수 있다.

〔해답〕 태양은 지구의 주민들, 즉 식물이나 동물들에게 열과 빛을 준다.

(3) <u>Galileo's idea</u> │that the earth goes around the sun│ was not accepted then.
                           동격

▶ 이것은 본문에서도 다루었던 흔한 형태의 동격이다. 「갈릴레이의 생각」이 곧 「지구가 태양의 주위를 돌고 있다는 것」이라는 동격이, 명사와 명사절(that절)의 사이에 성립되었다고 이해할 수 있으면 된다.

〔해답〕 지구가 태양의 주위를 돌고 있다는 갈릴레이의 생각은 그 당시에는 받아들여지지 않았다.

(4) No one has yet answered │the question│ ─── 동격
│whether we, human beings, are naturally good or evil│.

▶ the question 「질문, 의문」이라는 명사와 whether… 「~인지 어떤지」라는 명사절 사이에 동격이 성립되었다는 것을 발견하면 된다. 그리고 whether we, human beings, are…도 we와 human beings가 동격이 성립된다.

〔해답〕 우리 인간이 선천적으로 선한지 악한지의 질문에 대답한 사람은 아직 아무도 없다.

연습문제 13   [본편 p.121]

(1) The dictionary is a book [that we use ↑ to look up words [which we don't know ↑]].   ∥
　　　　　　　　　　　　　　　　　　　which

▶ use의 뒤에 화살표가 들어간다는 것은 …a book that we use의 that은 관계대명사의 which와 같다는 것이다. 한 군데 더 the words we don't know에서도 관계대명사를 보충해서 해석할 수 있었는지? 관계사의 괄호 안에 또 하나의 관계사의 괄호가 들어가 있는 것이다.

〔해답〕 사전은 우리가 모르는 단어들을 찾아보기 위해 우리가 사용하는 책이다.

(2) Democracy is based on the belief │that everyone is equal│.
　　　　　　　　　　　　　　　　　　동격

▶ 이번 that은 관계사가 아니다. that everyone is equal「모든 사람들이 평등하다는 것」과 같이, that이하에 화살표가 들어갈 틈이 없다는 데 주목하자. 그렇다면 that절, 즉 명사절이며 바로 앞의 명사 the belief「생각」과 동격이 성립된다고 생각할 수 있다.

〔해답〕 민주주의는 모든 사람들이 평등하다는 신념에 기초한 것이다.

(3) There is little evidence [that ↑ can convince them │that they are wrong│].
　　　　　　　　　　　　　　　 ∥
　　　　　　　　　　　　　　which

▶ 문두의 There is little evidence…「증거가 거의 없다」의 뒤의 that절을 보자. that can convince…가 되어있다는 것은 can앞에 주어가 없고 여기에 화살표가 들어간다는 것을 알 수 있다. 그렇다면 여기서 that은 관계사 which와 같다.

convince는 「설득하다, 납득시키다」라는 뜻이므로 「~에게 …을」이 이어질 것이다. 문장 맨 뒤의 that they are wrong은 물론 that절이며 명사절로서 「…을」의 부분을 채우기 위해 쓰였다고 할 수 있다.

〔해답〕 그들에게 그들이 틀렸다고 납득시킬 수 있는 증거는 거의 없다.

(4) There is little evidence | that Korean people are truly getting better at speaking English.
　　　　　　　　　└─동격─┘

▶ 시작은 앞의 문제와 같지만 that 이하가 다르다. 「한국사람들이 정말로 영어 회화를 점점 더 잘 하고 있다는 것」이라는 부분에 화살표가 들어갈 여지가 없다. 그렇다면 이것은 that절, 즉 명사절이며 바로 앞의 evidence「증거」와 동격의 관계라고 생각할 수 있다.
[해답] 한국사람들이 정말로 영어 회화를 점점 더 잘 하고 있다는 증거는 거의 없다.

연습문제 14　　　　　　　　　　　　　　　　　　[본편 p.131]

(1) Put the book | where you have found it |.
▶ 이 문장의 where...는 없어도 「책을 놓아라」로 문장이 성립되기 때문에 where...는 수식어가 되는데 「~한 곳에 놓아라」와 같이 동사 put을 수식하는 부사절의 접속사 where이다.
[해답] 당신이 발견한 곳에 그 책을 놓아라.

(2) Have you ever been in a situation [where you know that your friend is angry with you but you don't know why]?
▶ 이 문장도 where...는 없어도 「당신은 상황에 놓인 적이 있습니까?」라는 문장으로서 성립된다. 그래서 where...는 수식어인데 a situation「상황」을 설명하는 역할을 하는 관계사다. where를 in which로 대체하면 그 점이 명확해질 것이다.
[해답] 당신은 친구가 당신에게 화가 난 건 알지만 왜 화가 났는지 모르는 상황에 놓인 적이 있습니까?

(3) He asked me | where I bought that book |.
▶ 이 문장은 ask가 동사이므로 「~에게 ...을 묻다」가 되어 그때의 「...을」의 자리에 where...가 와있는 것을 감안하면 이것은 명사절이며 「어디서 ~라는 것」이라고 해석할 수 있을 것이다.

[해답] 그는 나에게 어디서 그 책을 샀는지 물었다.

연습문제 15 [본편 p.137]

(1) Our boss will decide | if we have to work next Sunday
and
[in that case]
when we have to come to work .

▶ 이 문장의 if는 그 앞에 decide「~을 결정하다」라는 타동사가 있다는 점에서 「만약에」가 아니라 「~할지 어떨지」라는 뜻의 명사절 if이다.
그렇다면 and의 병렬을 감안하면 [in that case]「그 경우에는」을 부사구로서 빼버리면 다음에 나오는 when...이 if...와 병렬이 되어있다고 할 수 있다. 그래서 when...도 if절과 마찬가지로 명사절이어야 한다. 「언제 ~할지」가 decide「~을 결정하다」의 목적어가 되어있는 것이다.
[해답] 우리의 상사가 우리가 다음 일요일에 일해야 하는지 어떤지 또 만약 그럴 경우에는 몇 시에 일하러 와야 하는지를 결정할 것이다.

(2) June is the month [when we have a lot of rain in Korea].
▶ 이 문장의 가장 큰 흐름은 「6월은 달이다」이며 when...은 그 「달」을 수식하는 관계사가 된다. when을 in which로 대체해보면 그 점은 명확해진다. 따라서 when은 우리말로 해석하지 않는다.
[해답] 6월은 한국에서 비가 많이 내리는 달이다.

(3) I don't know when I will finish the job . But when I finish , I will call you.
▶ PART II에서 많이 다루었던 형태라 설명이 필요없을 듯. 두 개의 [ ] 중 전자는 절대적으로 필요하지만 후자는 없어도 된다. 따라서 전자는 명사절의 when, 후자는 부사절의 when이다.
[해답] 내가 언제 일을 끝낼지 모르지만 끝내면 전화하겠습니다.

(4) The day will soon come [when we can travel to the moon].

▶ 문법문제에서 자주 출제되는 유형이다. when...은 없어도 「그날이 올 것이다」가 되어 문장이 성립된다. 따라서 when은 적어도 명사절은 아니다.
　그러면 부사절일까. 그렇다면 「~할 때」라고 해석되어야 하는데 「우리가 달에 여행을 갈 수 있을 때 그날은 올 것이다.」가 되어 무슨 말인지 통하지 않는다.
　when...은 부사절로서 come「오다」를 수식하는 게 아니라 the day「그날」이 어떤 날인지, 「우리가 달에 여행갈 수 있는 날이......」라고 수식하고 있는 것이다. 따라서 when은 관계사다. 물론,
　　　　The day [when we can travel to the moon] will come.
이라고 하는 편이 when이 관계사임이 확연히 드러날 수 있겠고 또 이렇게 써도 틀린 영문은 아니지만 주어에 관계사가 붙게 되면 "S+V"의 관계를 파악하기가 어려워지기 때문에 관계사는 뒤에 밀려나곤 한다.
　그렇게 되면 The day will come「그 날이 올 것이다」라는 이 문장의 가장 큰 흐름이 매우 확연히 드러나지만 뒤에 이어지는 when...이하가 무슨 역할을 하는지 파악하기 어려워질 수가 있으니 주의가 필요하다.
〔해답〕 우리가 달에 여행을 갈 수 있는 날이 곧 올 것이다.

연습문제 16　　　　　　　　　　　　　　　　　　　[본편p.143]

(1) We still don't know |how we can stop the pollution|.
　▶ how...를 PART II에서 배웠던 명사절이라 생각해서 「어떻게 공해를 멈추게 할 수 있는지」라고 해석하면 된다.
　〔해답〕 우리는 어떻게 공해를 멈추게 할 수 있는지 여전히 알지 못한다.

(2) It is not clear |why he didn't come to the meeting|.
　▶ 이 why...는 명사절이다. It은 가주어이고 why 이하가 진주어이다.
　〔해답〕 그가 왜 회의에 오지 않았는지는 명확하지 않다.

(3) The reasons [why they want to study abroad] vary.
　▶ The reasons vary「이유는 다양하다」라는 것이 이 문장의 가장 중요한 흐름이며 why...는 the reason을 수식하는 관계사다.
　〔해답〕 그들이 외국에서 공부하고 싶어하는 이유는 다양하다.

(4) The way [how Korean students study English] is surprising to foreign teachers.

▶ The way is surprising...「방법은 놀라운 것이다」라는 이 문장의 가장 중요한 흐름이 있고 그 「방법」에 how가 생략되어 있지만 Korean students study English「한국 학생이 영어를 공부하다」라는 부분이 관계사로서 수식한다고 생각할 수 있다.

〔해답〕 한국 학생들이 영어를 공부하는 방법은 외국인 교사들에게 있어 놀라운 것이다.

연습문제 17 [본편p.156]

(1) He is the man [whom I want ↑ to do this job].
　　　　　　　　　　　주　술　주'　　　술'

▶ 먼저 관계사 whom이 생략되어있는 것을 간파했는지? 하지만 화살표를 유의하지 않으면 관계사 안이 I want to do this job「나는 이 일을 하고 싶다」가 되어있는 것처럼 보인다. 그러면 안 된다. 주'의 자리에 화살표가 들어가고 원래 이 부분은 I want to the man to do this job과 같이 "want+사람+to do"「(사람)이 ~하는 것을 바라다」라는 5형식 문장을 사용한 「나는 그 남자가 이 일을 하기를 바란다」라고 되어있었다.

〔해답〕 그는 내가 이 일을 하기를 바라는 남자다.

(2) She asked the man [who was passing by] to help her ...
　　주　술　　　　　　　　　　주'　　　　　　　술'

▶ 관계사의 who에 속지 않고 위와 같이 "ask+사람+to do"「(사람)이 ~할 것을 부탁하다」가 되어있음을 간파할 수 있어야 한다. "pass by"는 「지나가다, 지나치다」라는 뜻의 숙어이므로 여기까지 해석해보면 「그녀는 지나가는 사람에게 그녀를 도와달라고 부탁했다」가 된다. 또한 help 뒤에도 "help+사람+to do"「(사람)이 ~하는 것을 돕다」라는 또 하나의 5형식 문장이 있다는 것에도 주목해야 한다.

　　... help her to change the flat tire
　　　 술　주'　　　　　술'

이 부분은 「그녀가 바람 빠진 타이어를 교환하는 것을 돕다」가 된다.
〔해답〕 그녀는 지나가는 사람에게 바람 빠진 타이어를 그녀가 교환하는 것을 도와달라고 부탁했다.

(3) I found a boy and a dog running in the field.
　　 주　술　　　　주'　　　　　　술'

▶ 주'에 and의 병렬이 포함되어 있으니 그 부분만 주의하면 쉽다.
〔해답〕 나는 한 소년과 개 한 마리가 들판을 달리는 것을 발견했다.

(4) I can't have your cat coming into my garden.
　　 주　술　　　주'　　　　　　술'

▶ 이 문제도 어려움이 없을 듯하다.
〔해답〕 나는 당신의 고양이가 우리 집 뜰에 들어오도록 놔둘 수 없다.

연습문제 18　　　　　　　　　　　　　　　　[본편p.162]

(1) Don't let people around you make...
　　　주　　　　주'　　　　　　술'

▶ 먼저 문두의 부분을 제대로 해석하자. 명령문이므로 주어는 없지만 사역동사 let「허락하다」를 사용해서 위와 같은 문장이 되었다. 그렇다면 「당신의 주위 사람들이 make하는 것을 허락하지 마라」라고 여기까지는 해석할 수 있겠다. 하지만 이때 make의 용법은? 여기서 뒤를 살펴보면,

make you waste your time
술　주'　　　술'

과 같이 여기서도 사역동사 make「~하게 하다」를 사용한 5형식 문장의 형태가 되어있음을 알 수 있다. 그렇다면 이 부분은 「당신이 당신의 시간을 낭비하게 하다」라고 해석할 수 있을 듯. 이 두 개의 5형식 문장이 「하나」로 연결되어 있는 것이다.

〔해답〕 당신의 주위 사람들로 하여금 당신이 당신의 시간을 낭비하게 하도록 허락하지 마라.

(2) People from abroad are often surprised to see Korean people commute in a jam-packed bus.
　　　　　　　　　　　　　　　　　　　　　　술　　주
　　　　　　　　　　　　　　　　　　　　　　　　술

▶「해외에서 온 사람들은 흔히 ~해서 놀라다」의「~해서」의 부분에 지각동사 see가 쓰였다.

[해답] 해외에서 온 사람들은 흔히 한국사람들이 콩나물시루 같은 버스로 통근하는 것을 보고 놀란다.

(3) Why don't you have someone [whom you know] help you?
　　　　　　주　　술　　　　주'　　　　　　　술'

▶ 이것도 관계사가 생략되었음을 금방 알아차리는 게 포인트다. 그렇다면 주'의 자리에 someone [whom you know]라는 어구를 포함하는, 사역동사 have「~하도록 하다」를 사용한 5형식 문장이라고 판단할 수 있을 것이다.

[해답] 당신을 아는 사람으로 부터 도움을 받는게 어때요?

(4) He was watching [through the window] people pass.
　　주　　술　　　　　　　　　　　　　　　　　bicycles 술'
　　　　　　　　　　　　　　　　　　　　　　and cars
　　　　　　　　　　　　　　　　　　　　　　　　주'

▶ 먼저 [through the window]「창문을 통해서」는 부사구로서 괄호로 표시하고 빼낸다. 그리고 people, bicycles and cars의 병렬을 나란히 두고 생각한다면 그 뒤에 오는 pass라는 동사 원형이 술' 이 되어있음을 알 수 있다.

[해답] 그는 창문을 통해서 사람들이나 자전거, 차가 지나가는 것을 보고 있었다.

연습문제 19　　　　　　　　　　　　　　　　　[본편 p.169]

(1) How much will it cost to have this watch repaired?
　　　　　　　　　　　　　　　술　　주'　　　술'

▶ 이때의 have는 사역동사「~하게 하다」일 것이다. 그리고 주' 와 술' 의 관계가 수동태 문장으로「시계를 수리하게 하다」라는 뜻이다.

[해답] 이 시계를 수리하는 데 얼마의 비용이 들까요?

(2) I had my house sneaked into yesterday.
　　주 술　　주'　　　　술'
▶ "sneak into~"는 「살금살금 들어가다」라는 뜻의 숙어다. 이때의 have는 본문에서도 다루었던 피해를 나타내는 have가 될 것이다.
〔해답〕 어제 나의 집이 털렸다.

(3) He asked the decayed tooth to be pulled out at once.
　　주 술　　　주'　　　　　　술'
▶ 이것도 기본적인 문제다. ask를 사용한 5형식 문장인데 주'와 술'의 관계가 수동이고 「충치가 바로 뽑히다」가 된 점에 착안하면 될 것이다.
〔해답〕 그는 그 충치가 바로 뽑히게 해달라고 부탁했다.

(4) I was sad to see the apartment [where we lived together]
　　　　　　　술　　　　　　주'

pulled down.
　술'
▶ 「나는 ~해서 슬펐다」의 「~해서」의 부분에 지각동사 see가 사용되고 있다. 관계사 where를 괄호로 묶어줘서 「우리가 함께 살았던 아파트가 무너지다」라는 수동의 관계인 주'와 술'을 찾아내자.
〔해답〕 나는 우리가 함께 살았던 아파트가 무너지는 것을 보고 슬펐다.

연습문제 20　　　　　　　　　　　　　　　　　[본편 p.178]

(1) Students have to pay so much attention to ┃what their teacher says┃ ...
▶ 여기까지는 「학생들은 선생님의 말씀에 이렇게나 많이 주의를 기울여야 한다」라고 해석할 수 있겠다.

... ┃that they can learn as much as possible┃
▶ 「그들이 가능한 한 많은 것들을 배울 수 있다」라는 that절이 앞의 「이렇게나」를 수식해서 「얼마나?」를 나타내는 역할을 하고 있으므로, 전체적으로 다음과 같이 해석할 수 있을 것이다.
〔해답〕 학생들은 가능한 한 많은 것을 배울 수 있을 정도로 많은 주의를 선생님의 말씀에 기울여야 한다.

(2) He spoke in　such　a way...
여기까지 「그는 그런 방법으로 이야기했다」가 되고,
　　　... that everyone got impressed
▶ 「모두가 감명을 받았다」라는 that절이 「이렇게나」를 수식해서 「어떤?」을 나타내는 역할을 하고 있기 때문에 다음과 같이 해석할 수 있을 것이다.
〔해답〕 그는 모두가 감명을 받을 수 있는 방법으로 이야기를 했다.

(3) Korea is not　so　rich in natural resources...
▶ 여기까지만 보면 「한국은 천연자원의 면에서 그다지 풍부하지 못하다」가 되는데 그 뒤를 살펴보면,
　　　... that it can live on its own
「it(한국)이 자력으로 살 수 있다」라는 that절이 「이렇게나」를 수식하는 것이므로 다음과 같이 해석될 것이다.
〔해답〕 한국은 자력으로 살 수 있을 정도로 천연자원에 있어 풍부하지 못하다.

연습문제 21　　　　　　　　　　　[본편 p.184]

(1) He is not　so　good at English
that he can communicate easily with foreign people.
▶ 「그는 영어를 그렇게 잘 하지 못한다」와 같이 「그렇게」라는 정도를 나타낸다. so와 「그렇게」는 「얼마만큼」인지를 더욱 자세히 설명해주는 that절과 한 묶음이 되므로 「정도」의 "so ... that구문"이다.
〔해답〕 그는 외국인과 쉽게 의사소통할 수 있을 정도로 영어를 잘 하는 것은 아니다.

(2) He went to the U.S.　so　that he could study English.
▶ 「그는 그렇게 미국에 갔다」와 같이 「그렇게」라고 방법을 나타내는 so와 「그렇게」가 「어떻게?」인지 더 자세히 설명해주는 that절이 합쳐진 것이므로 「목적」이나 「양태」의 "so that구문"이다.
〔해답〕 그는 영어를 공부하기 위해 미국에 갔다.

(3) He worked day and night, so that he finally got ill.
▶ 여기서 "so that구문"은 「결과」로 해석하면 된다.
〔해답〕 그는 밤낮으로 일했고 그 결과 병을 앓게 되었다.

연습문제 22　　　　　　　　　　　　　　　　[본편 p.193]

(1) Jeju is <u>as</u> beautiful in winter...
▶ 우선 이 부분까지를 「제주는 겨울에 (그) 만큼 아름답다」라고 해석하는 것이 중요하다. 하지만 이 시점에서는 아직 「서울과 비교해서」인지 「여름에 비교해서」인지는 모른다. 비교하는 상대를 모른다는 것은 여기까지만 보면 이 문장의 의미가 아직은 분명하지 않다는 것이다. 따라서 뒤를 살펴보면,
　　　...as it is in summer
라고 되어있는 것을 알 수 있다. it은 Jeju를 가리키는 것이고 생략된 부분을 보충하면 원래 이 부분은 as Jeju is beautiful in summer「제주가 여름에 아름다운 것만큼」이라 되어 있었다.
〔해답〕 제주는 여름에 아름다운 만큼 겨울에도 아름답다.

(2) Roses are <u>as</u> popular in France...
▶ 앞의 질문과 마찬가지로 여기까지만 읽으면 「장미는 프랑스에서 (그) 만큼 인기가 있다」가 된다. 그러나 「백합에 비해서」인지 「영국과 비교해서」인지는 아직 모르는 상태. 그 뒤를 보면,
　　　...as cherry blossoms are in Japan.
이라고 되어있다. 생략된 부분을 보충하면 이 부분은 원래 as cherry blossoms are popular in Japan「벚꽃이 일본에서 인기가 있는 것처럼」이다.
〔해답〕 벚꽃이 일본에서 인기가 있는 것처럼 장미는 프랑스에서 인기가 있다.

(3) When I talk with him, I feel as sleepy...
▶ 문장이 조금 길어지지만 다른 문제와 똑같이 생각하면 된다. 여기까지가 「나는 그와 이야기하고 있을 때는 (그) 만큼 졸리다」가 된다. 이어서 그 뒤를 보면,
　　　... as when I was listening to my teacher when I was a child

왜 ...as when...이 되었는지? as는 접속사이며 when도 접속사다. 그렇다면 여기에 문장이 하나 통째로 생략이 되어있을 것으로 생각된다. 즉 이 부분은 원래 as I felt sleepy when I was listening to my teacher when I was a child「어릴 때 선생님의 말씀을 들었을 때 졸렸던 것처럼」이라 되어있었을 것이다.

〔해답〕 그와 이야기하고 있으면 어릴 때 선생님 말씀을 들었을 때처럼 졸린다.

(4) I have never felt as happy...

▶ 여기까지를 보면「나는 (그) 만큼 행복했던 적은 지금까지 없다」가 된다. 그 뒤를 보면,

　　　　...as I am now

모자라는 부분을 보충해보자. 그러면 as I am happy now「내가 지금 행복한 것처럼」이 될 듯. 그렇다면「지금 행복한 것에 비해 그 만큼 행복했던 적은 없다」, 즉「지금이 인생에서 가장 행복하다」라는 의미가 될 것이다. 이 이야기는 제24회 수업에서도 설명할 테니 이해하기 어려우면 그 수업을 참고하도록.

〔해답〕 나는 지금만큼 행복했던 적은 없다(나는 지금이 가장 행복하다).

연습문제 23　　　　　　　　　　　　　　　[본편 p.198]

(1) The earthquake hit the city and the fire [following it] caused a greater damage.

▶ 전반부는 문제없이「지진이 그 도시를 강타했다」라고 해석할 수 있다. 그 뒤 문장은 분사를 괄호로 표시할 수만 있으면「그것(지진)에 이은 화재가 보다 큰 타격을 초래했다」라고 해석될 수 있다. 해석이 된다면 다른 문제는 없지만 왜「보다 큰」이라는 비교급이 되어있는지 생각해보자. 무엇과 비교하고 있는가? 지진의 피해도 컸지만 그 뒤의 화재의 피해가 더 컸다는 말을 하는 것이다.

〔해답〕 지진이 그 도시를 강타했다. 그리고 지진에 이은 화재가 지진보다 더 큰 피해를 초래했다.

(2) It is not always easy to stop smoking. It is easier not to get into the habit of smoking at all.

▶ 이것도 문제는 후반부의 It is easier...의 비교급이다. than은 안 쓰여있지만 상식적으로 생각해서 무엇과 비교한다고 볼 수 있는가?「담배를 끊는 것은 반드시 쉬운 일이라고는 할 수 없다. 담배를 피우는 습관을 애초부터 들이지 않는 게 더 쉽다("get into the habit of~ing"는「~하는 습관을 들이다」라는 뜻의 숙어).」라고 되어있다. 금연하는 것보다 처음부터 피우지 않는 것이 보다 쉽다고 말하는 것이다.

〔해답〕담배를 끊는 것은 반드시 쉬운 일이라고는 할 수 없다. 그보다 처음부터 담배를 전혀 피우지 않는 습관을 들이는 편이 더 쉽다.

(3) Some kinds of chemicals [contained ↑ in food] are more harmful to infants...

▶ 이번에는 than이 표기되어 있는 문장이다. 먼저 than까지 살펴보자. contain은「~을 포함하다」이므로 PART I에서 배웠듯이 제대로 분사를 파악할 수 있었는지?「음식물에 포함된 몇 가지 종류의 화학물질은 아이들에게 더 해롭다」가 된다. 그 뒤 문장을 보면,

　　　　...than they are to adults

they는 화학물질을 가리킨다. 생략된 부분을 보충하면 than some kinds of chemicals are harmful to adults「몇 가지 종류의 화학물질은 어른에게 해롭다」라고 되어 있었다.

〔해답〕음식물에 포함된 몇 가지 종류의 화학물질은 어른보다 아이들에게 더 해롭다.

연습문제 24　　　　　　　　　　　　　　　　　　　　[본편p.203]

(1) I cannot thank you more.

▶「더 이상 감사할 수가 없어!」라는 뜻이다. 이 사람은 지금 상대방에게 너무 감사하고 있는 것이다. 그러니 더 이상 감사의 마음을 느낄 수 없다고 말하고 있는 것이다.

〔해답〕더 감사할 수는 없다(나는 당신에게 최고로 감사하고 있습니다).

(2) I never feel angrier...

▶ 이 문장에는 than이 쓰여있다. 여기까지 해석해보면 「나는 더 분노를 느끼는 일은 결코 없다」가 되어있다. 그 뒤의 문장은,

...than when I am told a lie

생략된 곳을 보충하면 than I feel angry when I am told a lie 「나는 거짓말을 들었을 때 분노를 느끼는 것보다」라고 되어 있는 것을 알 수 있다(I am told a lie는 수동임에 주의). 그렇다면 「거짓말을 들었을 때보다 분노를 느끼는 일은 없다」, 즉 「거짓말을 들었을 때 가장 분노를 느낀다」는 것이다.

[해답] 나는 거짓말을 들었을 때보다 더 분노를 느끼는 일은 없다(나는 거짓말을 들었을 때 가장 분노를 느낀다).

(3) A : "Are you afraid of earthquakes?"
    B : "Oh, nothing makes me more terrified."

▶ A가 「지진이 무서워?」라고 묻고 있는 것이다. 그에 비해 B는 「나를 더 무섭게 하는 것은 없다.」라고 대답하고 있다. 「더」라는 비교급이 되어있는 것을 간과해서는 안 된다. 무엇과 비교하는 것인지 알아야 한다. 물론 지진과 비교하는 것이다. 「지진보다 더 무서운 것은 없다.」라고 말하고 있는 것이다. 즉 「지진은 가장 무섭다」는 말이다.

[해답] A : 「너는 지진이 무섭니?」
       B : 「그래, 지진보다 무서운 건 없어(지진이 가장 무서워).」

연습문제 25 [본편p.212]

(1) It is still cold here, but ⎡by the time you arrive⎤ the spring will have come.

▶ 여기서 포인트는 "by the time"이라는 군접속사다. 위에 표시한 바와 같이 by the time you arrive를 부사절로 묶을 수가 있을 것이다.

[해답] 여기는 아직 춥지만 당신이 도착할 때까지는 봄이 올 것이다.

(2) My father often tells me ⎡that ⎡no matter where and how I live⎤, I will not be able to live without the help of my friends⎤.

▶ 여기서 포인트는 접속사가 두 개 겹쳤을 때 어떻게 하는지 그 방법이다. 더

쉬운 문장으로 생각해보자.

　　　He says that if the wether is fine, he feels fine.
　이 문장에서 왜 that if와 같이 두 개의 접속사가 나란히 있는 걸까? that절 안에 if절이 끼어들고 있는 것이다. 그림으로 그리면 다음과 같이 될 것이다.
　　　He says that if the wether is fine , he feels fine .
　「그는 기분이 좋다는 것」이라는 that절에 「날씨가 좋으면」이라는 if절이 끼어들고 있는 것이다. 해석하면 「그는 날씨가 좋으면 기분이 좋다고 말했다.」가 되는 것이다.
　그렇다면 "no matter+의문사"라는 본문에서 배웠던 군접속사가 ...that no matter where...와 같이 that절 안에 나오더라도 똑같이 생각하면 된다. 그래서 이중으로 [　　　]로 둘러주면 앞 페이지와 같이 되는 것이다.
　〔해답〕 나의 아버지는 내가 어디서 어떻게 생활한다 하더라도 친구들의 도움없이 살아갈 수 없을 것이라고 자주 내게 말해주신다.

(3) Onions don't agree with me, and every time I eat them , whether it is cooked or raw , my stomach gets upset.
　▶ 단어가 익숙하지 않은 것일지 모르지만 "agree with~"는 「~에 찬성하다」라는 뜻. 여기서는 「(음식이나 기후가) (사람)에게 맞다」라는 뜻이 된다. get upset은 「화가 나다, 동요시키다, 교란시키다」의 뜻이다.
　구문으로 봐서 이번에 본문에서 배웠던 every time과 예전에 다루었던 부사절의 whether라는 두 개의 부사절이, 큰 흐름인 「양파는 내게 맞지 않는다. 그리고 …… 위가 탈이 났다」에 끼어듬으로서 각각 「양파를 먹을 때마다」「그것이 조리된 것이든 날 것이든」이라는 뜻이 되어있음을 이해하면 된다.
　〔해답〕 양파는 내게 맞지 않는다. 그리고 그것을 먹을 때마다 그것이 조리된 것이든 날 것이든 위가 탈이 난다.

(4) I am going to stay in this country as long as I can afford to .
　▶ 이 문제는 앞의 문제와 같이 복잡하지는 않다. 단 "as long as"라는 군접속사를 이 기회에 외워두자. 「~하는 한」이라고 보통 해석하지만 조금 더 정확하게 말하면 두 가지 의미가 있다.

As long as I live, I will never forget it.
(내가 살아있는 한 나는 그것을 잊지 않을 것이다.)

이 경우에는 「내가 살아있는 동안에는」이라고 해도 좋으므로 while「~하는 동안」과 같은 뜻을 가지고 있다고 할 수 있다. 반대로,

As long as you return it tomorrow, you can take it.
(당신이 그것을 내일 돌려주는 한 당신은 그것을 가지고 가도 좋다.)

이 경우에는 「만약 ~한다면」이라는 if절과 같은 의미라고 할 수 있다.
이 문제는 while「~하는 동안」과 같은 뜻으로 사용되고 있다고 할 수 있겠다.
〔해답〕 여유가 있는 한(동안), 나는 이 나라에 머물 것이다.

연습문제 26 [본편p.220]

(1) ⎧ As a result of ⎫ ⎧ the advance in medicine ⎫ ⎧ life expectancy is ⎫
    ⎨   ⎬ ⎨ improved sanitary condition ⎬ ⎨ steadily growing ⎬
    ⎩   and   ⎭ ⎩ high standard of living   ⎭ ⎩   ⎭
in Korea.

▶ "As a result of"라는 군전치사 뒤에 세 개의 명사가 병렬이 되어 있음을 알면 된다. 이 세 개의 명사를 모두 포함해서 위에 제시한 큰 괄호가 「~의 결과로」라는 부사구가 되어있기 때문에 이 문장의 진짜 흐름은 그 뒤에 있는 life expectancy is ... growing...「평균수명이 신장되고 있다」라는 것을 이해하면 된다.
〔해답〕 의학의 발달과 개선된 위생상태, 높은 생활수준 덕분에 한국에서는 평균수명이 꾸준히 신장되고 있다.

(2) [In spite of the fact ─────┐ 동격
    │that it is clear that we humans are doing harm to the earth│], few people take it seriously.

▶ In spite of the fact는 「그 사실에도 불구하고」. 그런데 the fact「사실」와 동격인 that절이 뒤따르는 것을 알 수 있다. that절이 끝나는 곳까지가 부사구이며 이 부분을 괄호로 묶어주면 드디어 이 문장의 본래 흐름인 few people take it seriously「극히 적은 사람들이 그것을 심각하게 받아들이고 있다」가 보이게 되는 것이다.

〔해답〕 우리 인간이 지구에 해를 끼치고 있다는 것은 분명하다는 사실에도 불구하고 그것을 심각하게 받아들이는 사람은 극히 적다.

(3) [In comparison with cars], | trains | are | economical
　　　　　　　　　　　　　　 and | buses |
　　　　　　　　　　　　　　　　　　 and also | (in terms of...) recommendable |.

▶ "in comparison with~"도 「~와 비교하면」이라는 뜻의 군전치사다. 기본적인 것이므로 이 기회에 외워두자. 군전치사 뒤에 (1)번 문제와 마찬가지로,

In comparison with | cars | are...
　　　　　　　　　　| trains |
　　　　　　　and | buses |

와 같이 「자동차나 기차, 버스에 비해......」라고 세 개의 명사가 병렬이 되어있는 것으로 보일지도 모른다. 하지만 그렇게 되면 그 바로 뒤에 ...are라는 동사가 나오므로 주어가 없어진다.

영문을 읽을 때 중요한 것은 잘못된 해석을 했다고 깨달으면 그 즉시 다른 방법은 없는지 다시 한 번 생각해본다는 것이다. 그렇게 하면 위에 쓴 바와 같이 이 문장은 [In comparison with cars]「자동차에 비하면」이라는 부분만 부사구이고 ...trains and buses are...「기차나 버스는......」이라는 부분이 이 문장의 본래의 흐름이라는 것을 알 수 있다.

또한 이 문장에서 또 하나 나오는 군전치사는 "In terms of~"「~의 관점에서」이다. in terms of the preservation of nature「자연 보호의 관점에서」를 괄호로 묶어 빼내면 recommendable과 economical이 병렬되어 있는 것을 알 수 있다.

〔해답〕 자동차에 비하면 기차나 버스는 경제적이고 자연보호의 관점에서 권장할 만하다.

연습문제 27   [본편p.232]

(1) I wonder if the technology has changed our society into a better one.

▶ 이 문제는 "change A into B"에 주목할 수만 있으면 쉽다.
[해답] 나는 과학기술이 우리가 살고 있는 사회를 개선시켰는지 아닌지 궁금하다.

(2) I was surprised to hear about the money [which he paid ↑ for the old oil painting].

▶ 우선 관계사가 생략되어 있음에 유의하자. 화살표만 제대로 표시한다면 원래 관계사의 괄호 부분은 "pay+돈+for+사물"「(사물)의 대금으로 (돈)을 지불하다」가 쓰여서, he paid the money for the old oil painting「그는 그 돈을 그 낡은 유화 값으로 지불했다」가 되어 있었음을 알 수 있다.
[해답] 그가 그 낡은 유화 값으로 지불했던 돈에 대해 듣고 나는 놀랐다.

(3) The passengers [informed ↑ of the delay] were disappointed.

▶ "inform+사람+of+사물"「(사물)에 대해 (사람)에게 알리다」는 본문에서도 다루었다. 여기서는 The passengers informed of...라 되어 있어서 inform 뒤의 명사가 없다는 점을 간파하면 된다. 그렇다면 여기서 inform은 과거분사형이다. 제대로 괄호로 묶어주자.
[해답] 연착에 대해 통보 받은 승객들은 실망했다.

(4) We human beings are endowed with the ability to speak.

▶ 본문에서는 다루지 않았지만 "endow+사람+with+사물"도「(사람)에게 (사물)을 부여하다」라는 뜻으로 동사와 전치사가 떨어져 있는 숙어다. 이런 형태는 이번 문제와 같이 흔히 수동으로 쓰인다. "be endowed with+사물"로「(사물)이 부여되다」, 즉 '타고나다' 라는 뜻이다.
[해답] 우리 인간은 말하는 능력을 부여받았다(타고났다).

연습문제 28
[본편 p.239]

(1) Seoul, which has a large population, is not always a good place to live in.

▶ 관계사를 Seoul에 걸치게 해서 「거대한 인구를 가진 서울」이라고 해도 우리말로는 문제가 없지만 왜 이 관계사가 계속적 용법이 되었냐면 서울은 원래 하나밖에 없기 때문이다. 여기서 "which"를 "and+it"으로 대체하면 다음과 같이 된다.

Seoul has a large population and it is not always a good place to live in.
(서울이 거대한 인구를 가지고 있어 반드시 살기 좋은 장소라고 할 수 없다.)

위와 같은 것도 괜찮지만 아마도 문제의 문장은 관계사가 이유를 나타내는 것이라고 생각된다. 따라서 "because+it"으로 대체되면 다음과 같이 된다.

Seoul, because it has a large population, is not always a good place to live in.

〔해답〕 서울이 거대한 인구를 가지고 있기 때문에 반드시 살기 좋은 장소라고 할 수 없다.

(2) Graham Bell invented the telephone, which later had a great influence on the way [how people live].

▶ 이것은 단순히 "and+it"으로 대체하는 게 가장 좋을 것이다. 왜냐하면 벨이 전화를 발명해서 그 후에 우리의 생활에 영향을 주었다와 같이 시간의 흐름이 진행되기 때문이다.

Graham Bell invented the telephone and it later had a great influence...

그리고 the way people live의 자리에는 관계사 how가 생략되어있음을 발견해서 「사람들의 생활방식」이라고 제대로 해석해 주어야 한다.

〔해답〕 그레함 벨은 전화를 발명했고 그 전화는 후에 사람들의 생활방식에 커다란 영향을 미쳤다.

(3) He invited [to the party] all his friends, some of whom didn't come.

▶ 이것도 단순히 "and+them"으로 대체하는 것이 좋겠다. invited「~을 초대했다」의 뒤의 부사구를 괄호로 묶을 수 있음을 알아야 하는 것은 물론이다.

> He invited [to the party] all his friends, and some of them didn't come.

〔해답〕 그는 파티에 모든 친구들을 초대했다. 그리고 그 친구들 중 몇 명이 오지 않았다.

연습문제 29 [본편p.244]

(1) He didn't mind giving a hand to his friends, which made him popular among his friends.

▶ "give a hand to+사람"은 「(사람)을 돕다」라는 뜻의 숙어다. 이 문장의 ", which"를 "and+it"으로 대체해보자.

> He didn't mind giving a hand to his friends, and it made him popular...
> (그는 친구를 도와주는 것을 꺼리지 않았다. 그리고 그것이 그가 친구들 사이에서 인기를 얻게 만들었다.)

그렇다면 이때의 it은 앞의 문장에 있는 「그가 친구를 기꺼이 도와주는 것」 전체를 가리킨다고 볼 수 있다.

〔해답〕 그는 친구를 도와주기를 꺼리지 않았다. 그리고 그것이 그를 친구들 사이에서 인기를 얻게 만들었다.

(2) He bought a new type of computer, which saved him a lot of trouble in writing the paper.

▶ save는 4형식 문장으로 「(사람)에게 (사물)을 면하게 하다」라는 뜻이 있다.

> His telephone call saved me the trouble of visiting him.
> (그의 전화가 내가 그를 방문하는 수고를 덜어주었다.)

자, 이 문장에서도 "which"를 "and+it"으로 대체해보자.

> He bought a new type of computer, and it saved him a lot of trouble...
> (그는 신형 컴퓨터를 샀다. 그리고 그것이 그에게 많은 수고를 덜어주었다.)

이때의 「그것」은 무엇을 가리킬까? 이것은 둘 다 지칭한다고 볼 수 있다. 단순히 「컴퓨터」라는 명사를 가리키는 것으로 볼 수도 있고, 「컴퓨터를 산 것」 전체를 가리킨다고 볼 수도 있다. 어느 쪽이든 마음에 드는 쪽으로 해석하면 되겠다. 우리말도 그렇지만 언어는 여러 가지로 해석될 경우가 있다. 중요한 것은, 그렇더라도 어느 쪽인지 자신의 생각을 확실히 정하는 것이다.

〔해답1〕 그는 신형 컴퓨터를 샀다. 그리고 그 컴퓨터는 논문을 쓰는 데 많은 수고를 덜어주었다.

〔해답2〕 그는 신형 컴퓨터를 샀다. 그리고 그것은 논문을 쓰는 데 많은 수고를 덜어주었다.

(3) He is always punctual, which I believe ↑ is the evidence that he is reliable. — 동격

▶ 이 문장에서도 "which"를 "and+it"으로 대체해보자. 단 it은 화살표 위치에 확실히 포함시켜주어야 한다.

　　He is always punctual, and I believe it is the evidence that he is reliable.

동격에 유의하면서 이 문장을 해석해보면 it은 앞의 문장 전체를 가리킨다는 것을 알 수 있을 것이다.

〔해답〕 그는 언제나 시간을 잘 지킨다. 그리고 나는 그것이 그를 신뢰할 수 있다는 증거라 믿고 있다.

연습문제 30　　　　　　　　　　　　　　　　　　　[본편 p.252]

(1) The Korea Train Express connects Seoul with Busan, enabling people to make a round trip in a day.
　　　　주′　　　　　술′　　　　　　　　　　　　　　　　　술

▶ 먼저 5형식 문장 "enable+사람+to do"「(사람)이 ~하는 것을 가능하게 하다」를 확인해주자. 그렇다면 enabling people to make...는 「사람들이 하루에 왕복하는 것을 가능하게 하다」인데 「가능하게 하다」의 주어는 The Korea

Train Express이다. 그렇다면 이때의 enabling는 분사구문이라 할 수 있다. 이렇게 확인한 후 enabling을 and it enables로 대체해서 해석하자.
〔해답〕 KTX는 서울과 부산을 연결하며 사람들이 당일치기로 왕복하는 것을 가능하게 해준다.

(2) Smoking a lot, he is always coughing.
▶ 문두의 분사구문은 구별하기 쉬울 것이다. 「그가 담배를 많이 피운다」가 「그는 늘 기침을 하고 있다」의 이유가 된다고 생각할 수 있다. 그렇다면 smoking을 Because he smokes로 대체해서 해석하면 된다.
〔해답〕 그는 담배를 많이 피우기 때문에 늘 기침을 하고 있다.

(3) The Han River, flowing through Seoul, was once the backbone of the agriculture of Seoul.
▶ The Han River의 뒤에 붙어있는 flowing...은 분사로서 계속적 용법으로 사용된 것이다(콤마 사이에 있다). 왜냐하면 한강이라고 하면 서울에 흐르는 그 한강밖에 없기 때문이다. 이러한 원래는 불필요한 설명(「서울을 흐르는 한강」은 말 안 해도 오해를 불러일으킬 소지가 없다)은 역시 분사구문이라 생각해야 한다. 가장 간단한 방법은 and로 바꾸는 것이다.

The Han River flows through Seoul, and it was once...
(한강이 서울로 흐르고 있다. 그리고 그것은......)

하지만 더 좋은 것은 because로 바꿔주는 것이다.

The Han River, because it flows through Seoul, was once...

〔해답〕 한강은 서울을 가로질러 흐르기 때문에 예전에는 한국 농업의 기반이 되었다.

연습문제 31 [본편p.259]

(1) Written in plain English, this book is good for beginners.
▶ 이것은 because의 역할을 하는 것이라 바로 알 수 있겠다.
Because it is written...
으로 대체해서 해석하면 된다.

[해답] 이 책은 간단한 영어로 쓰여있기 때문에 초보자에게 알맞다.

(2) Japanese people, compared with other peoples, are punctual or at least try to be so.

▶ "compare A with B"는 「A와 B를 비교하다」. compared with other peoples라고 과거분사가 되어 「다른 국민과 비교되다」라는 수동적인 뜻이 되고 있다. if 「만약 비교되면……」이나 when「비교될 때는」을 보충해서 생각하면 될 것.

> Japanese people, if they are compared with other peoples, are punctual...

[해답] 다른 국민과 비교하면 일본인들은 시간을 잘 지키며 또는 적어도 그렇게 되도록 노력한다.

(3) The factory lies in the south of Incheon, furnished with high-tech machinery.

▶ "furnish A with B" 「B를 A로 채우다, A에 B를 설치하다」는 동사와 전치사가 떨어져 있는 숙어로 본문에서도 다루었다. furnished with high-tech machinery는 이것이 과거분사가 되어 「첨단기계가 설치되다」라는 뜻이다. 그 주어는 이 문장의 본문의 주어인 The factory이므로 이것은 분사구문이다. and를 보충해주면 될 것이다.

> The factory lies in the south of Incheon, and it is furnished with...

[해답] 그 공장은 인천의 남부에 있으며 첨단기계가 갖추어져 있다.